残業ゼロのノート術

石川和男
Kazuo Ishikawa

JN128524

きずな出版

はじめに

あなたは年間20日間を残業でつぶしている

「残業が大好き！」という方は少ないでしょう。少なくとも、この本を手に取っているあなたは嫌いなはずです。

しかし、残業がどのくらいあなたから無駄な時間を奪っているのか、実感としてわかっていない人は多いのではないでしょうか。

タイトルですでにネタバレしていますが、もしもあなたが平均して毎日2時間残業しているなら、年間20日間を残業に費やしていることになります。

逆にいえば、**残業をゼロにするだけで、あなたは年間20日分の自由な時間を手にすることができる**……ということなのです（この「20日間」という数字の根拠は1章で説明しています）。

もちろん自分の仕事が大好きで、仕事に熱中するあまり残業しているならまだいいでしょう。

しかし、本当は家に帰って家族団らんの時間を過ごしたり、趣味の時間を楽しんだり、読書や勉強など自己研鑽《けんさん》の時間を持ちたいと思っているのに、イヤイヤ残業をしているとしたら、本当にもったいないことです。

□残業に対してはネガティブなイメージしかない時代

また、時間がもったいないだけではありません。世の中の流れも、残業に対して厳しくなっています。大きな理由の1つが、2018年6月に成立した「働き方改革関連法案」が2019年4月から段階的に施行されることです。

これまでも国は会社員の残業を制限していましたが、会社に対してとくにペナルティはありませんでした。

しかし今回の改正では罰則が設けられるようになったのです。最近、「働き方改革」という言葉をよく聞くようになったり、「残業を減らそう」という声をよく聞くようになったのは、こういう社会的な理由もあるのです。

これにともない、「残業」というものに対する世間的な意識も変化してきています。かつては夜遅くまで会社に残って仕事をしているというのは「仕事熱心だ」「忠誠心が高い」「タフだ」など、ポジティブに受け取られることも少なくありませんでした。

しかし最近では「いやあ、残業続きで……」などと言おうものなら、

「ブラックな会社に勤めているのかな」
「非効率的な仕事をしている人かもしれない」
「スケジュール管理がうまくできない人なんじゃないだろうか」

などと、ネガティブに受け取られることも多いのです。

残業が心身の健康に及ぼす悪影響を問題視する社会と、残業代をカットしたい企業。

趣味や、勉強や、家族との団らんを増やしたいあなた。

残業はだれからも評価されない

企業

残業代を減らしたい

家族

もっと家族との
時間を増やして

自分

肉体的・精神的に疲れる
時間を無駄にしている

国

健康に悪い
長時間残業には罰則を

社会

残業している人は
非効率的じゃないか

動機は違っても、「残業を減らしたい」という点では、見事に一致しています。

誰も残業を求めていない時代なのです。しかし「残業を減らせ」と言われても、だからといって仕事の量が減るわけではありませんよね。

むしろ、団塊の世代の退職で一気に人手が減り、実感として仕事量が以前よりも増えているという方が多いのではないでしょうか。


大丈夫です。安心してください。

あなたの残業はゼロにできます。そのために本書を書いたのです。


じつは、かくいう私も心が折れるような長時間残業をしていた者の1人です。当時はストレスにより短期間で10キロ体重が増えたこともありました。

正確にいうと、ストレスだけが原因ではありません。

なにしろ起きている時間のほとんどを会社で過ごしていたため、日々の楽しみはランチと深夜の食事くらいしかなかったのです。「ダブルとんかつ定食、ご飯大盛り」「ピザLサイズにチキン8ピース、ビールがぶ飲み」などなど。

こんな風に、「満腹中枢に達するのが人生で唯一の快！」という生活を続けていたのだから、太って当たり前です。

しかし、私はあるとき気づきます。

「俺の人生、これでいいのかな？」

クリスマスイブ、バレンタインデー、ホワイトデー、世間が浮かれているときも残業をしている自分。

年末年始、節分、成人の日などの祝日も、ひたすら会社で残業をしている自分。

妻との結婚記念日、子どもの授業参観日、そして自分の誕生日にも終電近くまで会社に残っている自分――。

唐突に空しさを覚えた私は、「あること」をはじめました。

それは、とても簡単なことですが、効果は抜群。私は残業漬けの生活を脱し、仕事をしながら税理士の資格を取得できました。

また、会社外の人脈を広げる時間と心の余裕もできたので、一気に自分が活躍するフィールドを広げることができました。

いまの私は建設会社総務部長をはじめ、大学・専門学校講師、時間管理コンサルタント、セミナー講師、税理士、そして年1冊のペースでビジネス書を出版する著者と、6足のわらじを履くまでになりました。これもすべて残業をやめ、余った時間を勉強や人脈づくりに充てることができたからです。

もちろん、これだけいろいろなことをやっているわけですから、目が回る忙しさです。

しかし残業は一切しません。

どんなに遅くとも、建設会社での仕事は定時の17時で切り上げます。当たり前ですが、それでも仕事にはまったく差し支えありません。

6つの仕事をして、プライベートも充実させるには、残業なんてしている「ヒマ」はないのです。

□残業は1冊のノートでゼロにできる

では、どうやって私は残業をゼロにできたのか。

それにもっとも貢献したのが、本書のタイトルにもあるように、「ノート術」だったのです。ノート術というと、難しいものを想像されるかもしれませんが、私の使い方はじつに簡単です。

本書のノート術を一言でいうと、**「やることを書き出すだけ」**です。私はこれを、安直ですが、**「やることノート」**と呼んでいます。

本書では、「やることノート術」と、それに基づいた仕事術を紹介します。本書を読んで実践し習慣化すれば、あなたの残業はゼロにできます。

1章では、なぜ残業をやめなければならないのか、そして、いまのあなたがなぜ残業をやることになってしまっているのか、その原因について解説します。

2章では、「やることノート」の具体的なつくり方、書き方をお伝えします。読めばその日のうちにマスターし、実践できます。

3章では、「やることノート」をさらに活用するためのコツ、そして時間の使い方についてお伝えします。多くの人が、細かいところで時間を無駄遣いしています。それを見直すだけで、驚くほど多くの時間を得られるものなのです。

4章では、私がこれまでの経験から獲得した、個人の仕事効率を高め、さらに上司や部下などチーム全体の効率性を上げるためのオリジナル仕事術についてお伝えします。

いくら自分が効率的に働いても、一緒に働く人たちが非効率的なままでは、あまり効果はありません。それに、もしもあなたが上司なら、部下の仕事を効率化させ、残業を減らすことはあなた自身の評価へつながります。

そして5章では、夢をかなえる方法をお伝えします。

いきなり「夢をかなえる」って唐突……と思われるかもしれませんが、そうではありません。残業を減らすことだけが本書のゴールではありません。

残業を減らして有意義な時間を増やし、人生の目標へと突き進むモチベーションを上げる方法こそ、私が本当にお伝えしたい「裏テーマ」なのです。

書店でこの本を手に取り、ここまで読んだあなた！

このまま棚に本を戻して、残業を続けながら時間とチャンスを無駄にしますか？

それとも本書を読んで残業をゼロにし、余った時間を有意義に使いますか？

いまから行う決断が、あなたの人生を変えるのです。これは決して大げさな話ではなく、本当に1冊の本をきっかけに人生は変わります。私はあなたの人生を変えることができるよう、この本をつくりました。

この本に出会った今日という日が、あなたのターニングポイントになることを心より祈っています。

２０１９年吉日

石川和男

Contents

『残業ゼロのノート術』

はじめに　あなたは年間20日間を残業でつぶしている……001

1章　あなたを悩ます残業の原因

人は生涯で1～2年を残業に費やす……018
残業は人間関係を狭めてしまう……020
残業代はなくなる!?……023
21時以降は酔っ払っていながら仕事をしているのと同じ?……026
「すぐやる」が仕事を遅くしている!……029

「脳のマルチタスク」はＮＧ 032
脳内を整理する一番簡単な方法 034
ふせんに書き出す４つのデメリット 036
〆切があなたの残業を消す 039
〆切をつくるコツ 042

2章 残業をなくす「やることノート」

やることをすべて書き出すだけ 048
すべての仕事を15分で区切る 051
ポモドーロ・テクニックは日本の職場に向いていない 055
４コマ分のバッファをつくる 058
ルーチンも書き出す 061
やることは「すべて」書き出す 066

右ページには思いつき、新しい予定をすべて書き込む 068
歓喜の赤マルでモチベーションをアップする 071
終わらなかった仕事には屈辱の青マルを 075
やることノートがあれば、仕事を断れる 077
「自分がやらなくてもいい仕事」がわかる 079
ノートは汚くてもOK 082
優先順位の高い仕事ができるのは実質4時間だけ 084

3章

残業をゼロにする時間の使い方

午前中はガムシャラタイム 088
朝からやる気を出すための15分ルーチン 091
朝にテレビをつけてはいけない！ 094
ドライヤーとシェーバーで朝の5分をつくりだす 097

ニンジンとライオンで自分をコントロールする 100
過去の自分と競争する 104
社内の雑談で時間を浪費しないために 106
上司の世間話をサクッと切り上げる裏ワザ 108
視野をシンプルにする 110

4章

自分もチームも残業させない仕事術

すべての基本は「アイスピック仕事術」 114
考え込むのはNG!「ホラー映画仕事術」 117
手をつければ、人はやりたくなる 120
ピンチこそチャンスの「ルパン三世仕事術」 122
「真似ぶ」で学ぶ、「ルパン三世仕事術 part 2」 127
嫌なときの即効薬「私は俳優! 仕事術」 131

もしも1年後にいまの会社を辞めるとしたら？ 135
仕事は「役づくり」で決まる 138
部下を辞めさせない「銀座のクラブ仕事術」 141
部下に残業をさせないという決意 146
朝夕2回のミーティングでPDCAを回す 148
部下を呼ぶときは心の準備をさせる 150
チームでゲームをしてスピードアップ！ 152
朝イチでカエルを食べてしまう 154
すべての情報をまとめる意味 157

5章 仕事を加速させる「目標」の威力

残業をやめたら、なにをしますか？ 160
あなたの夢がなかなか実現しない理由 163

夢を先延ばしにしないための４つの技法 167
■17時になったら強制的に勉強をはじめる
■スケジュールに入れてしまう
■昼休みを利用する
■朝の時間を活用する
緊急な仕事はどうでもいい 172
夢に〆切を設けているか？ 174
夢にコミットする時間をつくる 176
夢を細分化して具体化する 178
書き出すことで壁が見える 180
夢は、書き出せば成就する 182
良い残業、悪い残業 184
おわりに 「やることノート」の原点は夢だった 186

1章

あなたを悩ます残業の原因

人は生涯で1～2年を残業に費やす

厚生労働省の発表では、残業の平均時間は月14時間。ただ、これを聞いて納得できる人は少ないのではないでしょうか。

厚生労働省の残業データには残業代の発生しない、いわゆる「サービス残業」が含まれていないので、そうしたイメージのとおり、実態には程遠いと思います。もっとリアルな数字としては、大手転職サイトVorkersが6万件以上の投稿レポートから算出した月47時間という結果のほうが、納得感があるでしょう。

ただし、このなかには月70時間くらい平気で残業する激務のコンサルタント職なども含まれます。平均値というのは、一部の人が突出して高いと、それに引っ張られて高くなりがちです。

そこで、ざっくりと「**月40時間が世の中の平均的な残業時間**」と考えることにしましょう。これは月に20日間勤務日があるとすると、「毎日2時間残業している」ということです。月40時間ということは、年間480時間……つまり20日間です。これが、本書の冒頭で紹介した、「年間20日の残業をしている」という数字の根拠です。

これをさらに計算してみましょう。もしも現在40歳の人が65歳まであと25年働くとしたら、年間20日×25年でなんと累計500日分も残業に費やすことになります。恐ろしいことに、**私たちは知らないうちに、人生のなかの1年あるいは2年もの時間を残業に費やしてしまっている可能性があるのです。**

人生というのは「時間」です。効率的に仕事を済ませ、自分の自由な時間を増やせば、それだけ寿命を延ばすと表現することもできます。

Point

平均的な会社員は年間20日くらいを残業に費やしている

残業は人間関係を狭めてしまう

寿命を縮める以外にも、残業がもたらす悪影響があります。たとえばその1つが、**「仕事の視野が狭くなる」**ことです。

残業ばかりしていると、ずっと社内にいることになります。飲みに行くにしても、なかなかほかの人と時間の都合が合いませんから、同じ会社で同じくらい残業をしている人たちと、遅い時間に酒を飲みます。

そうすると話題は必然的に、会社や上司の愚痴になりますよね。こうした居酒屋での愚痴の言い合いは、おそらくこの世でもっとも生産性のない活動ではないのでしょうか。

最近は気軽に参加できるセミナーや講演会が増えています。インターネットで探せば、ビジネススキルを磨いたり、各業界で活躍している人の話を聞けたりするイベントが毎日のように開催されています。別の業界の人と触れ合える異業種交流会を見つけることもできます。

ただし、そうしたイベントが開かれるのは、遅くても夜の7時。当然ながら、参加するには定時退社し、会場に向かわなければなりません。残業するのが当たり前の人は、そもそもこうした外部のイベントに参加できないのです。

もちろん同じ会社で働く人たちと親睦《しんぼく》を深めるのは大切です。ただ、会社というのはどうしても、ある程度同じ考え方を持った人間が集まってくるものです。

そのため、**社内の人間とばかり付き合っていると、仕事の進め方や発想の生み出し方、問題への対処方法などが、自分でも気づかないうちに固定化されてしまいます。**

自分とは異なる業界の人と話をすると、自分がそれまで正しいと思っていた仕事の進め方がまったく通用しなかったり、物事のとらえ方が根本的に違う人と出会うことが多々あります。同じ言葉を使っていても、まったく違う意味にとられることもあるわけです。

あるいは、同業他社の人間でも、同じ会社の人間と話をするよりもよっぽど有意義です。むしろ、同じ業界で働いているからこそ、仕事のやり方や文化の違いをハッキリと感じ、自分の仕事に取り込みやすいかもしれません。

社外の人間と触れ合うことで得られる刺激が、自分の仕事のやり方を変えたり、新しい社内プロジェクトの発足につながったり、あるいは転職というあなたの人生を変えるかもしれない選択肢を生みます。

残業が常態化するということは、こうした新しい出会いやチャンスを失うことでもあるのです。

Point

残業をしていると社外の人との付き合いがなくなり、自分の成長機会を失ってしまう

残業代はなくなる!?

ご存じのように、いまや終身雇用が当たり前の社会ではありません。どんなに有名な大企業でも、業績がかたむけば50代の人間から早期退職を募りはじめます。またアメリカの景気が悪くなったりしたら、その影響で会社自体がなくなる可能性もあります。大きな組織に入ったからといって、生涯安泰という時代ではありません。

その代わりといいましょうか、大企業を中心に、最近は「副業」を許可するところが増えています。要するに、自分たちが終身雇用を保証できないから、ほかのところから収入を得るのをＯＫにしつつあるということです。

こうした社会の変化については、**「複業時代」**とも表現できます。１人の人間が複数の仕事を行うので、副業ではなく「複業」です。

本書の冒頭で自己紹介したとおり、私は建設会社で勤務している以外に、いくつもの収入源を持っています。

私のような働き方をしている人間はまだ少数派ですが、これからの時代は、むしろ私のようにいくつもの仕事を掛け持ちし、複数のところから収入を得るのが当たり前……というより、そうしないと生活ができない社会になる可能性があるのです。

そんなときに、果たして残業をしているヒマはあるのでしょうか？

本格的に「複業時代」が到来したら、そもそも「残業代」というものだってなくなってしまうかもしれません。

残業をしている人のモチベーションの1つになっているのが残業代で、この手当てをもらうためにわざと残業をしている人もいるといいます。そんな働き方は通用しなくなるのです。

幸いなことに、いまはまだ時代の過渡期です。

いまのうちから「残業が当たり前」の働き方から脱出し、空いた時間で第2、第3の仕

事を見つけるための勉強や活動の時間をつくっておくことが、これからの時代における最高のリスクヘッジになるのです。

残業をしていることは、単にあなたの貴重な時間を奪うだけではありません。ビジネス人生の今後においては、とてもリスキーなことでもあるのです。そのことを認識しておきましょう。

Point

複業時代に向けて、残業をしない働き方をいまから身につけることが大切

21時以降は酔っ払っていながら仕事をしているのと同じ？

残業が増えると、帰宅が遅くなり、睡眠時間も減りがちです。しかし、睡眠時間を削って仕事の時間をつくりだすのは、最悪な問題の解決方法です。

いいえ、解決方法にすらなっていません。**睡眠不足は日中のパフォーマンスを低下させるので、ますます仕事に時間がかかるようになります。**当然、ミスも増えます。

すると、もっと睡眠を削る羽目になり、仕事はさらに遅くなり……といった具合に、残業スパイラルに突入することになるのです。これにより最悪、体調を崩して入院というケースも決して珍しくありません。

睡眠は大切です。厚生労働省は、人が十分に集中して仕事ができるのは、起床後12〜13時間と報告しています。

人が集中できる時間には限りがある

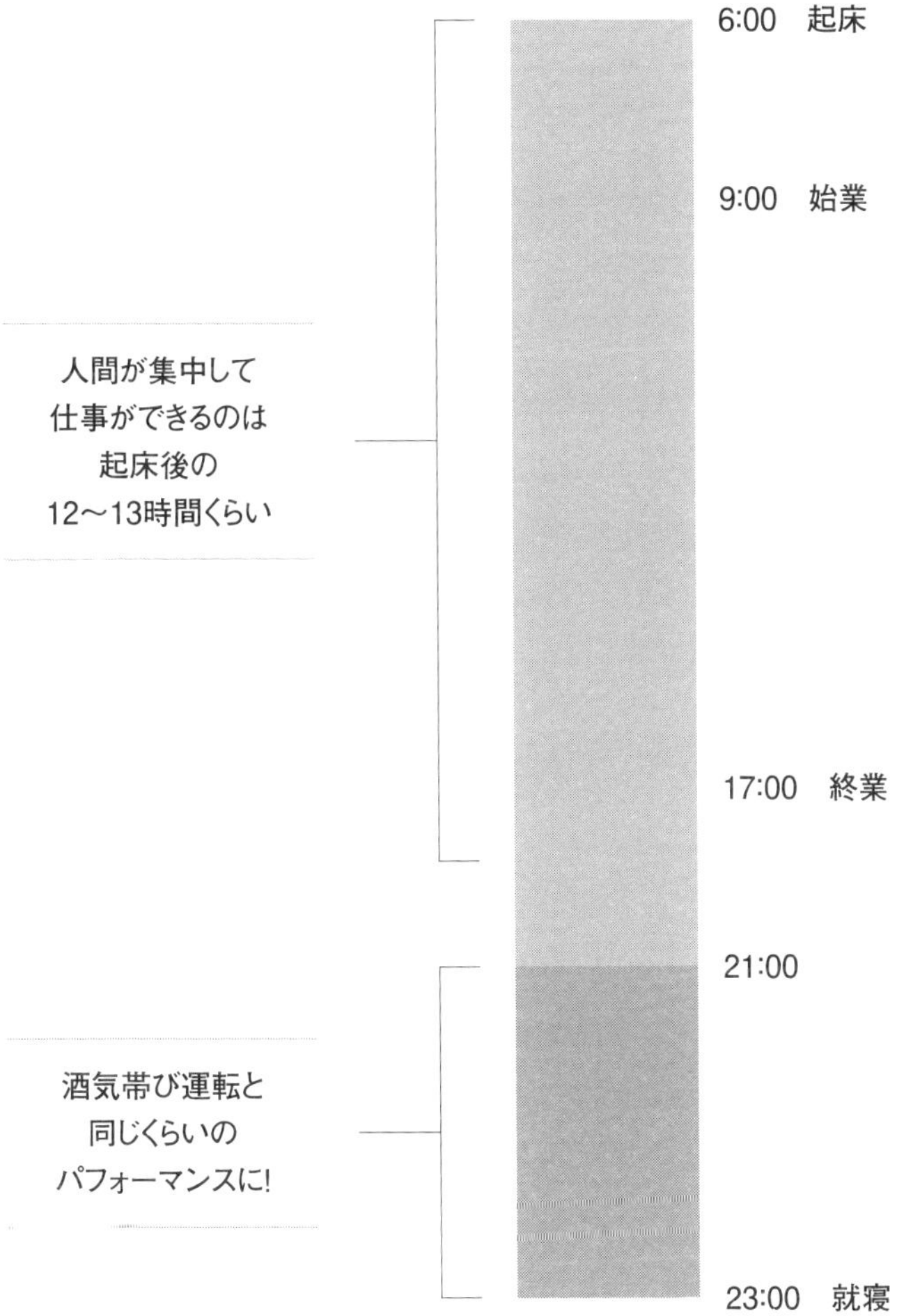
6:00　起床
9:00　始業
人間が集中して
仕事ができるのは
起床後の
12〜13時間くらい
17:00　終業
21:00
酒気帯び運転と
同じくらいの
パフォーマンスに!
23:00　就寝

さらに、起きてから15時間以降では、酒気帯び運転と同レベルのパフォーマンスしか発揮できないそうです（もちろん多少の個人差はあるでしょうが）。

これはどういうことかというと、朝6時に起きたら、18時には集中力が落ちはじめ、21時以降は酔っぱらって仕事をしているのと同じということです。

もちろんこれは、十分な睡眠をとっている人の場合です。普段から寝不足の場合、パフォーマンスの低下はもっと早くから起こり始めることは十分に考えられます。

同じ酔っ払い状態になるなら、サッサと仕事を切り上げて自宅でゆっくり本物のお酒を飲みたいですよね。残業は、あらゆる点で百害あって一利なし、です。

Point

残業による睡眠不足は、ますます残業を増やしてしまう

「すぐやる」が仕事を遅くしている！

やることが多すぎて、とても就業時間内では終わらないから、やむを得ず残業をしている。こういう人も少なくないでしょう。

では、どうして定時までにやるべき仕事が終わらないのでしょうか？

それは仕事の進め方に問題があるからです。**意外かもしれませんが、仕事を遅くする要因の代表例が「すぐやる」という習慣です。**

どこかで耳にしたことがあるかもしれませんね。新しい仕事が発生したら、どんどん片づける。メールが届いたらすぐに返事をする。こんなふうに、スピード感をもってどんどんやるのが「すぐやる」習慣です。

そんな習慣がなぜ仕事を遅くするのか？　そう思われるかもしれません。

たとえば、とても重要な仕事があるのに、降ってわいた小さな仕事をすぐやる。

メールの返信、その返信にまた返信。

電話の応対。

朝一番の銀行記帳。

無駄紙をシュレッダーにかける。

ＬＩＮＥの通知がきたので、スタンプで返信。

そんな小さな仕事を片づけるたびに、本来その日にやるべきだった重要な仕事はストップしてしまいます。

ほんの何秒かストップするぐらい、いいじゃないか……と思われるかもしれません。

もちろんその数秒の積み重ねも無駄ですが、**それよりも深刻なのは、仕事の最中に小さな仕事を行うと、そのたびに集中力がリセットされてしまう、という点です。**いったん切れてしまった集中力をもとに戻すのにはそれなりの時間や労力がかかります。

仕事をすぐやるという習慣は、上司からのウケもいいですし、いろいろな仕事をやっているという充実感も得られるので、多くの人が良い習慣だと思っています。だからこそ、気をつけなければいけません。

「すぐやる」という作戦が効果的なのは、自分のなかで「すぐやる」タスクとそうでないタスクの判断基準がちゃんとある人の場合です。

新しく発生した仕事をなんでもかんでも「すぐやる」で対処していたら、残業しないと終わらないに決まっています。

具体的に、どのような基準をつくればいいのかはあとの章で説明しますが、新しく発生した仕事に、条件反射的に手をつけるのはやめましょう。

本当に、その仕事を今日中にすぐやらなければならないのかを考えてみるクセをつけてください。

Point

がむしゃらに量とスピードを追求しても、仕事はかえって遅くなる

「脳のマルチタスク」はNG

「すぐやる」習慣は、言い換えると複数の仕事を同時に進める「マルチタスク」です。

仕事のスピードを上げ、残業をゼロにするためには、マルチタスクは絶対に避けるべき習慣です。

というより、**そもそも人間にはマルチタスクはできません。**

たとえば、別々の本をまったく同時に読むということはできませんよね。２冊の本を同時並行で読み進めるとしても、片方の本を読んでいるときは、もう片方の本は脇に置いているはずです。

私も６つの肩書きを持っていますが、ある仕事をしているときは、当たり前ですが別の仕事は行いません。それをやってしまうとどれも中途半端になり、信用を失ってしまうことになるからです。

もちろん**マルチタスクが可能な場合もあります。それは、脳と体がそれぞれ別のことをする場合です。**

たとえばお風呂に入りながら仕事の構想を練る、ジムで筋トレをしながらオーディオブックを聴く、トイレでビジネス書を読む……これらは複数のことを同時にやっている、まさにマルチタスクですが、体と脳はそれぞれ1つのこと（体はお風呂で脳は仕事の構想など）に集中しているのでOKなのです。

逆に、ラジオを聴きながらの勉強、テレビを見ながらの読書、セミナーの企画を考えながら建設の帳簿のチェック（私には絶対できませんが）など、**脳と脳のマルチタスクはNGです。**効率が悪く、生産性を下げるだけでなく、ミスも一気に増えていきます。

Point

マルチタスクは避け、仕事をシングルタスク化する

脳内を整理する一番簡単な方法

「すぐやる」に代表されるマルチタスクが残業を生むとお伝えしました。

では、新しく発生した仕事やタスクをとりあえず放置すれば、それだけで集中力を維持して残業をゼロにできるのか……というと、これがそういうわけでもないのです。

人間は「ほかにもやらなきゃいけないことがある」と考えると、それが原因で不安になったり、気分がモヤモヤっとして、目の前のことに集中できなくなるからです。

たとえば、仕事中にSNSの通知が目に入ったり、メールの着信に気づいたら、気になってチェックしたくなりますよね。あるいは、〆切の近い別の仕事のことがふと頭をよぎることもあると思います。

そうするともうダメです。「どんな内容だろう」「返信することを忘れたりしないかな」

「そっちの仕事から手をつけたほうがいいだろうか」……こんなことを考えると、モヤモヤした不安や好奇心が生まれ、仕事への集中力が削《そ》がれてしまいます。

「すぐやる」のもダメ、かといって放置していてもモヤモヤが生まれてダメ。じゃあ、どうすればいいのか。簡単です。**紙に書き出せばいいのです。**

たとえばＳＮＳの通知が目に入ったら、「30分後にＳＮＳをチェックする」と紙に書いて、脇に置いておきます。これだけで、モヤモヤがなくなります。**やることを紙に書き出すことで、いったん頭のなかからそのことを追い出せるからです。**

不安や好奇心でモヤモヤするのは、脳の情報が多すぎる状態です。いますぐやらなくてもいいことを頭のなかから追い出さなければいけません。これはたとえるなら、パソコン内のデータが多くて動作が重くなってしまっているから、ＵＳＢメモリなどにデータを移動して、動作を軽くするようなものです。

Point

モヤモヤが生まれたら、やるべきことを紙に書き出すだけでスッキリできる

ふせんに書き出す4つのデメリット

やるべきことが多くてモヤモヤが生まれたら、紙に書き出して頭のなかを整理する。そのために私が本書でお勧めするものこそ、「やることノート」です。

すると、

「なんでノートなの？　やることを書き出すだけならふせんとかでもよくない？」

と思う人がいるでしょう。当然の疑問です。

ふせんに書き出すことも有効な方法です。頭のなかに抱え込んでいるよりも、ずっとマシでしょう。実際、ふせんを会社のデスクやパソコンにペタペタ貼りつけている人も多いと思います。

ただ、ふせんにはデメリットもあります。

1つ目は**「目につき過ぎる!」**という点です。

ふせんに書き出すことでいったん脳内を整理できますが、ふと目線を上げたときにふせんが目に入るようだと、そのたびに「あ、これをやらなきゃいけないんだった」という意識が生まれます。

これはこれで気になってしまうので、書き出した効果が薄れてしまいます。

2つ目は**「気にならなくなるリスクがある」**という点です。

最初のデメリットと矛盾するようですが、同じ場所にふせんがある状態が常態化すると、いつしかそれが気にならなくなり、結局やることを忘れることがあります。人間の慣れはそれくらい強力です。

ノートなら、書いた部分をいちいち開かないといけません。一見すると面倒くさくて、無駄なようですが、じつはこの一手間を挟むことが大事なのです。

3つ目は**「過去の振り返りができない」**という点です。

ふせんはそのタスクが終わったら捨ててしまうもので、あとに残りません。これはりっこう大きなポイントです。

これでは、同じような仕事を久しぶりにするときに、「どんな手順や作業があったのか」「以前はどんな風に仕事を進めたのか」を振り返ることができないのです。

そして4つ目、これがもっとも重要なのですが、**「そのタスクの期限がわかりにくい」**という点です。

ふせんだとただToDoを書き出すだけで、タスクの期限を書き込めるスペースがあまり取れないと思います。この「期限を決める」という考え方は残業をゼロにする上では本当に重要なので、次の項目でくわしく説明していきます。

Point

ふせんは目につきやす過ぎたり、目に入らなくなる危険性があるのでお勧めできない

〆切があなたの残業を消す

仕事をスピードアップするために最重要ともいえるべきポイントは、すべての作業に「〆切を設ける」ことです。

小学生のころ、夏休みの宿題に苦しんだ記憶はありませんか？

8月31日の夜に、猛スピードでなんとか課題をこなしていく。夏休み最後の日なのに勉強漬け……。自分は、毎回どうして、こんなにだらしないんだろう？　私はいつも悩んでいました。あなたもそうだったかもしれません。

しかし、大人になり、いろいろな社会経験をし、大量のビジネス書を読み、仕事術の研究をすることで、この悩みはだれでも経験してきた、いや、いまでも悩んでいる人が多い問題であることを知りました。

「パーキンソンの第一法則」というものがあります。イギリスの歴史学者・政治学者シリル・ノースコート・パーキンソンがとなえた法則で、「仕事の量は、与えられた時間をすべて使うまで膨張する」というものです。

この法則によれば、どんな仕事も〆切ぎりぎりまで引き延ばされます。**どれだけスケジュールに余裕があっても、〆切間際にならないとその仕事に手をつけることはない**ということです。

しかし裏を返せば、**〆切を本来よりも早く設定しさえすれば、人はその〆切までに終わらせようとする心理が強く働く**ということです。

仕事がいつまで経っても終わらず、あなたが残業をしてしまうのは、あなた自身のこまかい仕事に〆切を設定していないからです。危機感がなく、ダラダラとやってしまうのが原因なのです。

〆切は、人を集中させ、仕事をスピードアップさせます。小学校時代の、8月31日の夜のパフォーマンスを思い出してください。

大人になっても、仕事が忙しいのに、夜に重要な予定が入っている場合、仕事を早く終わらせられることを経験したことがある人はいるでしょう。

運よくチケットが手に入った10年に一度しかこない海外アーティストのライブ、Jリーグの優勝決定戦……こんなとき、どうやって仕事をすばやく終わらせたでしょうか。

優先順位の高い仕事から片づけ、いつもは任せられない部下にも任せ、ヒマそうな上司に仕事を依頼する。突然の来客には「5分しかないので、すみません」と制限時間を設定し、タバコを吸う本数を減らし、コーヒーを飲む時間も短縮したりするでしょう。

普段なら10時間かかる仕事を8時間で終わらせて、目的の地へ向かう。これが本来あなたの持っている仕事の処理能力なのです。〆切をつくることで、最高のパフォーマンスを発揮することができます。

Point

〆切を自分で用意すると、それだけで仕事のスピードが上がる

〆切をつくるコツ

「いやいや、自分はいつも〆切に追われているのに仕事が終わらないよ」

と、あなたは言うかもしれません。

月内には、企画書を書き上げるという〆切があるのに全然進まない。

25日までには給料計算をしなければならない。

株主総会のダンドリをつけなければならない……などです。

〆切の設定にはポイントがあります。**仕事を細かく分け、それぞれに対して1つずつ〆切を設定することです。〆切が「大きすぎる」とその効果は表れません。**

夏休みの宿題だって、8月31日までにやるという〆切があります。しかし、夏休みが始まる7月の下旬から1ヶ月以上先の話です。

つまり、**〆切までの時間があまりにも長すぎるのが問題なのです。**

前述した企画書の作成も、給料計算も、株主総会のダンドリも最終的には行います。企画を出さなければ迷惑をかけるし、給料も支給しなければなりません、株主総会を開催しないわけにはいきません。

しかし、〆切が大きすぎるので、ギリギリになり、結果、間に合わすために残業をして終わらせることになるのです。

私は建設の仕事をしていますが、ビルやダムなど大規模な工事だと、ひとつの建設プロジェクトが終わるまでに数年、数十年かかるときもあります。これはつまり、〆切が数年先にあるということです。

もしこのとき、「20××年○月　ビル完成」という〆切だけだったら、仕事はまったく進みません。これでは、いつまでたっても工事は終わらないでしょう。

そこで「ビルを建てる」という最終の〆切の前に、「基礎工事」「組み立て」「塗装」という具合に工程を細分化し、それぞれに〆切を設ける必要があります。ビルの完成期限が5年後でも、基礎工事の〆切が今月末までなら、やる気になります。

〆切は細切れにした者が勝つ

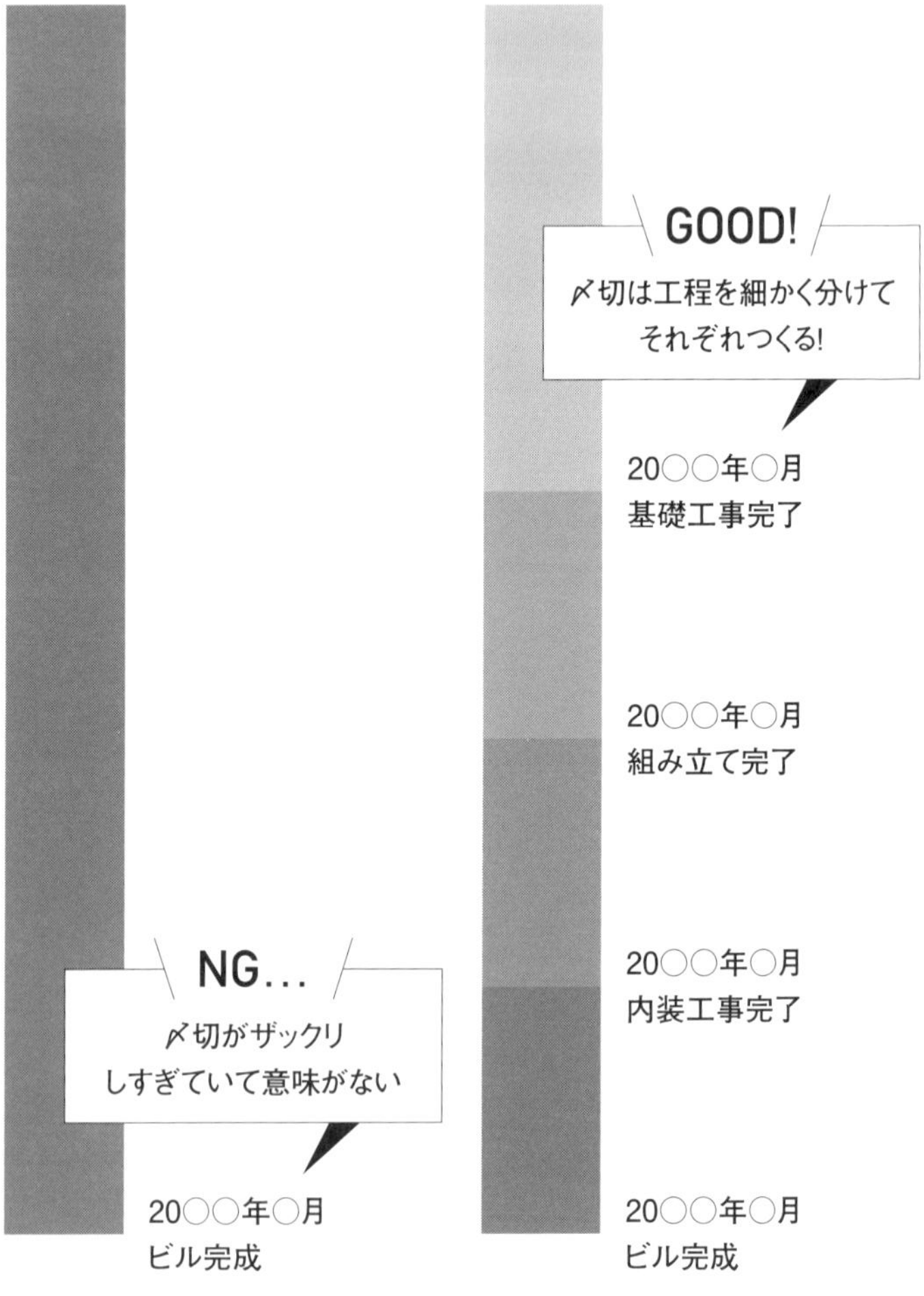

こうして細分化した個々の仕事を、さらに細分化します。たとえば「基礎工事」と一口に言っても、その内容はさらに細かい作業の集まりです。

細分化した仕事をさらに細分化していく。

どんなに大きな仕事も、最終的には、数分でできる小さな仕事に分解できるのです。

別の見方をするならば、どれほど巨大なプロジェクトも、小さな作業の集合でしかありません。千里の道も一歩から、です。

大きすぎる、あるいは遠すぎる〆切だけでは、モチベーションがあがりません。最初の一歩も踏み出しづらい。

これと同じように、「月内に企画書作成」という〆切でやる気が出ないなら、「〇〇日までにリサーチ」「〇〇日までに文章作成」と、細分化して〆切を設ければいいのです。

もしもなにから手をつければいいのかわからない状況にあるなら、それはあなたの仕事をもっと細切れにしなければならないサインかもしれないのです。

この章の終わりなので、改めて残業をしてしまう原因をまとめましょう。

1、優先順位を深く考えず、新たに発生した仕事に手をつけてしまう
2、やるべきことを頭のなかで抱え込んでしまう
3、〆切がないのでダラダラしてしまう

これらの原因を一挙に解決する方法が2章からご紹介する「やることノート術」です。

Point

仕事を細分化し、それぞれに細かく〆切を設ける

2章

残業をなくす「やることノート」

やることをすべて書き出すだけ

それではこの章では、実際に私が日々使っている「やることノート」の実践方法をご紹介します。やり方はいたってシンプルです。

「やることをノートにすべて書き出し、終わった順に、赤ペンで丸をつける」

突き詰めて言えば、これだけです。

しかし、これでは解説にならないので、もう少しくわしく説明します。

まずはノートを用意します。B5のサイズで、横罫線が35行あるものがいいでしょう。

私は丈夫なコクヨのキャンパスノートを使っていますが、この条件に合致すれば、ほかのノートでも問題ありません。

次に、見開き両ページに、1～35までの数字を書きます。

各行に1～35までの数字を振る

2019年4月1日	
1	1
2	2
3	3
4	4
5	5
6	6
7	7
8	8
9	9
10	10
11	11
12	12
13	13
14	14
15	15
16	16
17	17
18	18
19	19
20	20
21	21
22	22
23	23
24	24
25	25
26	26
27	27
28	28
29	29
30	30
31	31
32	32
33	33
34	34
35	35

1行につき、1つのタスクが入る

これは仕事をカウントするための数字です。1行につき、1つの仕事が入ります。

私は毎日、仕事の合間、すき間時間に、翌日使う見開きのところにこの数字を手書きで書いておきます。そして翌朝出社したら、前日自分が割り振っていた数字に、今日やることを記入していくのです。

手間がかかって面倒と思われるかもしれませんが、この作業をすることにより、ふせんを貼りっぱなしにして、「目に入っているけど見えていない状態」になってしまうことを防ぎます。その日にやることを整理できるのです。

数字を書き終わりましたか？

この2ページが、あなたの1日の仕事の最大総量です。ここではわかりやすく「70コマ」と呼びましょう。学校の時間割のように、これがあなたの仕事の時間割になります。

Point

毎日、ノートの見開きに1～35までの数字を振っていく

すべての仕事を15分で区切る

1～35コマの1つひとつが「やること」です。ただし、あとでくわしく説明しますが、メインで使っていくのは左側のページです。

そして、ここが重要ですが、**1コマの所要時間は15分です。**1コマ「15分」で区切りをつけて仕事を管理し、進めるのが、「やることノート」の最初のポイントです。

左ページには35コマありますから、15分×35コマで8・75時間になります。「なんだ、左ページだけで8時間を越えているじゃないか、残業だ」と思わないでくださいね。

実際にタスクを割り振るのは最大でも1～30コマで、合計7時間30分となるので、ご安心ください（31～35行目の使い方は後述します）。

1コマ15分と決めるのは、〆切をつくることで、やる気を引き出すためです。1章で解説したように、人をやる気にさせるためには〆切が欠かせません。

とはいえ、みなさんが抱えている仕事には、とても15分では終わらない仕事もたくさんあるでしょう。というか、そういう仕事のほうが多いと思います。その場合、どうやって1コマにはめ込めばいいのでしょうか。

答えはそう、細分化です。すべての仕事は絶対に15分以内で終わる工程に細分化できます。たとえば1時間かかるような仕事だったら、15分で終わる4つの作業に細分化し、ノートに書き込んでいくのです。

これがじつは、「やることノート術」のもう1つのメリットです。**このノートに書くと、どのくらい時間がかかるかわからない仕事も自然と細分化できます。**15分以上かかる仕事は、15分で終わるこまかい仕事に分解しなければノートに書けないからです。

たとえば、「決算書をつくる」という仕事があるとします。これは、このままでは絶対に15分で終わる仕事ではありません。そこで、この仕事を次のような工程に細分化していきます。

長い仕事は分割して書き込む

2019年4月1日

1	決算書　(1)前年のコピーをとる	①
2	決算書　(2)現金をチェックする	①
3	決算書　(3)預金をチェックする	①
4	決算書　(4)受取手形を整理する	①
5	決算書　(5)支払手形を整理する	①
6	決算書　(6)部長に確認してもらう	①
7	先週の出張の経費を精算する	②
8		
9		
10		
11		
12		
13		
14		
15		
16		
17		
18		
19		

①15分で終わらない仕事は工程を分割し、
15分で終わる作業に分けて書いていく

②15分以内で終わる仕事はそのまま書く

「昨年の決算書のコピーをとる」「現金をチェックする」「預金をチェックする」「受取手形を整理する」「支払手形を整理する」「部長に確認してもらう」

このように書き込んでいくと、**決算書をつくるのには6コマ（1時間30分）かかるということがわかりますよね。**もし、このノートをつけないまま作業を始めていたら、決算書づくりに2時間、3時間くらいかけていたかもしれません。

もちろん、「経費を精算する」など、分割しなくても15分以内で終えられそうなものは、そのまま書き込めばOKです。外部の方との打合せや会議など、工程ごとに15分単位で分割できないものは、「打合せ（1）」などと書いておきましょう。

ただ、どちらにしても**「この仕事には何コマくらい使いそうか？」**を考えることは重要です。

Point

仕事の〆切を15分と決め、15分以上かかる仕事は細分化する

ポモドーロ・テクニックは日本の職場に向いていない

集中するために時間を区切る方法で有名なものに、「ポモドーロ・テクニック」があります。１９９０年代に実業家・作家などで活躍したフランチェスコ・シリロという人物が開発したとされる、仕事に集中するための時間の使い方です。

人の集中力が長く続かないことは、あなたもすでに十分ご存じでしょう。そこで、このテクニックでは30分を１つのサイクルとし、25分の仕事を終えたあとに5分の休憩をいれるのを繰り返すのです。

ただ正直、私はこの方法は、あまり日本人には向いていないと思っています。これはサラリーマンである私の経験から言えることですが、会社勤めの方には難しいでしょう。

というのも、私が試した結果、自宅でセミナー用のコンテンツを作成したり、会計事務所で1人こもって書類作成をしているときはポモドーロ・テクニックでうまくいきましたが、プレイングマネージャーとして建設会社の総務経理の仕事をしているときは、何度行っても効率的に仕事を行うことができなかったからです。

理由は簡単で、**日本の職場では25分集中し続けたり、勤務中に5分間の休憩時間をとることが難しいためです。** 5分休憩するというのは短いように感じるかもしれませんが、たとえば椅子に寄りかかって目を閉じていると、5分は非常に長く感じられるものです。

オフィスの机が個人個人で区切られているアメリカなら自由に休憩をとることも可能かもしれませんが、パーテーションもない日本の職場では、同僚や上司の目が気になって、なかなか5分間も休めないでしょう。

また、個人で仕事を行っていれば25分間ずっと集中して作業できますが、会社では急に電話がかかってきたり、上司や部下から声をかけられ、リズムを崩されがちです。

そこで私は **「14分の仕事&1分休憩する」** というサイクルを1コマのなかで採用しています。仕事を15分で区切るといっても、15分きっかりで仕事が終わるわけではありませんよね。かなり仕事を細分化しているので、多くの場合、15分だと数分は時間が余ると思います。

そこで時間が余ったら、メールの返信作業をしたり、SNSをチェックしたり、部下の進捗状況を確認したりといった、こまごまとしたタスクを入れます。私の場合、このときに「やることノート」をチェックし、次のコマでやることを確認したりもしています。

もちろん、**1時間（4コマ）に1回は、目を閉じて休憩しています。** 1分程度なら、集中して考えごとをしているように見えますから、5分休憩するよりも、日本の会社員にはずっとやりやすいのではないでしょうか。

たった1分間の休憩でもバカにはできません。人間は目から入る情報でかなりのエネルギーを使っていますから、目を閉じて視覚情報をシャットアウトするだけでも脳を休ませることができるのです。

Point

15分の1コマが余ったらメールチェックや休憩に使う

4コマ分のバッファをつくる

さて1日を30コマと考えて仕事を割り振っていくわけですが、実際のところ、**私が30コマすべてを使うことはまずありません。**

私が使うのは、基本的に1～26コマ目までです。残った27～30コマ目はバッファ（予備）として空欄にしておきます。

仕事をしていると、ほかの作業をすべて放り出して、とにかく最優先で取り組まなければならないタスクがいきなり現れることがあります。事故やトラブルの発生、あるいはとんでもないミスなどです。

30コマにすべてギッチリ仕事を詰め込んでしまうと、そうした緊急事態に対処する時間がなくなります。だから、**4コマ（1時間）くらいなにも予定が入っていないバッファを**

つくっておいたほうが安全なのです。

そうでなくても、このノートを使い始めた初心者の方は、その作業にかかる時間の計算が狂って、時間が足りなくなることが予想されます。「やることノート」を書いてみるとついついすべてのコマを埋めたくなってしまうのですが、それはいけません。

「バッファをつくっておく」という考え方ですが、「やることノート」に限らず、勉強をするときでも私はかなり大切にしています。

たとえば、試験日が8月20日だったとしたら、その10日前には試験を受けられるくらい完璧に勉強を終わらせるようにしておくのです。もし予定通りに勉強できれば、試験日までの残った10日間はある意味「復習」をしっかりできるというわけです。

もちろん、試験会場にも数十分は早く到着します。これもバッファです。電車が遅延したり、道路が渋滞していることを見越しておきます。

仕事のケースで言えば、たとえば15分の1コマのなかでも、私はできるだけ数分のバッファができるようにしています。本当の〆切よりも自分で早めに〆切を設定することも、バッファを設ける作業の一環です。

バッファというのは、言い方を変えれば「余裕」です。

どれだけたくさんの仕事をこなすことができても、勤務時間中すべてのスケジュールがギッチリ詰まっていたら、それはそれで大変です。そんな働き方を毎日続けることは難しいでしょう。

本当に残業を減らしたいなら、むしろバッファを最初から予定のなかに組み込み、余裕を持って仕事を進めることこそが大切だと思うのです。

Point

4コマは予定外の仕事のためのバッファとして確保しておく

ルーチンも書き出す

ここまでで、ノートの左側ページの1～30コマ目までの書き方をご紹介しました。左ページのそれぞれの場所の使用目的は、次のページにまとめました。

ノート左ページの31～35は、1～30に記したメインの仕事とは少し違うことを書きます。それを説明していきましょう。

31行目には、ただ「ルーチン」と書き込みます。ルーチンとは、ゴミを出すとか、ポストを覗いて郵便物をチェックするといった、毎日の決まりきった作業のことです。この作業もすべてノートに書き出すのです。

といっても、日々のルーチンは膨大にあるはずです。すべて書いていたら、いくらページがあっても足りません。書く時間も無駄になります。

ノート左ページの使い方

2019年4月1日

1	決算書 (1)前年のコピーをとる	メインの仕事
2	〃 (2)現金をチェックする	
3	〃 (3)預金をチェックする	
4	〃 (4)受取手形を整理する	
5	〃 (5)支払手形を整理する	
6	〃 (6)部長に確認してもらう	
7	先週の出張の経費を精算する	
8	取引先との打合せ (1)	
9	〃 (2)	
10	〃 (3)	
11	〃 (4)	
12	〃 (5)	
13	荒川の現場パトロール (1)	
14	〃 (2)	
15	〃 (3)	
16	〃 (4)	
17	資金繰りの明細書を作成 (1)	
18	〃 (2)	
19	常務との打合せ (1)	
20	〃 (2)	
21	〃 (3)	
22	〃 (4)	
23	見積書作成 (1)	
24	〃 (2)	
25	〃 (3)	
26	〃 (4)	
27		バッファ
28		
29		
30		
31	ルーチン	ルーチン、メモなど
32	メモ	
33	未処理	
34		
35		

そこで私は、ルーチンは別の用紙に一覧にしてまとめています。

ルーチン表には、日々のルーチンがすべて書いてあります。

スケジュール帳のチェック、当社で購入している株価の動向、新聞をポストに取りに行くことから掃除まで。それだけではありません。「ヤクルトを飲む」など、仕事に関係のないどんなに細かいことも本当にすべて書きつくしているのです。

さらにこの表では、毎日行うものだけでなく、週に1回のものや、月に1回のもの、汚くなったと思ったときに行う靴磨きなども書いてあります。

ルーチン表は毎日作成するのではなく、一度作成したものを毎回コピーして使いまわします。もちろん、新しいルーチン作業が生まれたら書き足し、不要になったルーチンは削除していきます。

次のページで紹介しているのは、私のルーチン一覧です。このように、ルーチンは自分がパッと見てわかれば、単語だけ書いておく方法でもOKです。

また、それぞれにやる時間が決まっていれば、真ん中の行のように「朝」「昼」「午後」などと時間を区切っておいてもいいでしょう。

ルーチンを1枚の紙にまとめておく

日	
1	T
2	TC
3	メール消去
4	体重
5	うつし
6	母メール
7	D
8	受注
9	SB
10	C/F
11	ネット
12	整理箱
13	短プラ
14	目標ページ
15	スプレッド
16	マル/マニュアル
17	体操
18	SS
19	脳トレ
20	充電

朝	
1	シャッター
2	新聞とり
3	ブラインド
4	ごみ集め
5	机ふき
6	コーヒー
7	2F手ふき
8	YYチェック
9	YY注文
10	今日のごみ

昼	
11	食器洗い
12	お湯補充
13	郵便物
14	ヤクルト
15	薬

午後	
16	2Fふき
17	トイレチェック
18	地図フォト
19	携帯ナビ
20	Gメール
21	Yメール
22	FBB
23	FBあいさつ
24	シェア

週間	
1	不燃物
2	燃えるごみ
3	新聞・ダンボール
4	資源ごみ
5	燃えるごみ

週3	
1	トイレ
2	掃除機
3	フキン洗濯
4	コロコロ
5	備品みがき

月	
1	漂白
2	書棚整理
3	窓ふき
4	専務室
5	ブラインド
6	2Fチェック
7	1Fチェック
8	蛍光灯
9	キッチン
10	冷蔵庫
11	殺虫剤
12	YY請求
13	くつ磨き

さて、「やることノート」に戻ります。

ルーチンの下、32コマ目には「メモ」と書きます。

これは移動中や出先でアイディアや突発的なタスクが出てきたときに、メモ帳やスマホにメモしたことを、確認したかチェックする部分です。メモは書いたまま忘れてしまうことがよくあるので、それを防ぎます。1日の終わりにメモを見直し、ノートに追加するべきタスクがあったら書き写します。

そしてその下、33コマ目には「未処理」と書きます。私の場合、部下から提出されたものなど、目を通す書類をいったん「未処理ボックス」に入れます。ここはその日の未処理ボックス内の書類をすべて片付けたかどうかを確認するところです。ただ33〜35コマ目は、自由スペースとして使ってもいいでしょう。

Point

ルーチンワークやメモの確認などもすべて「やることノート」にまとめておく

やることは「すべて」書き出す

仕事ならともかく、スマホを充電するとか、ヤクルトを飲むとか、そんなことまで書く必要があるのか？　と思われそうですが、**重要なのは、やることを「すべて」書き出すことなのです。**どんなに細かいことでも、すべて書き出しましょう。そうすることで、脳の負担が激減します。

アメリカの第44代大統領であるバラク・オバマ氏は、在職中、紺か黒のスーツしか着なかったそうです。つまり、服装のバリエーションが2種類しかないのです。

理由は2つあります。1つは服を選ぶことに費やす時間を減らしたかったためだそうです。たしかに、米国大統領の忙しさなら、ゆっくり服を選ぶヒマはありませんよね。

もう1つの理由は、「決断」を減らすためです。

アメリカの大統領ともなると、内政に外交にと、毎日、大量の「決断」に迫られます。決断をするためには、情報を集め、じっくりと考えなければなりません。当然、脳にはかなりの負担がかかります。

オバマ氏が服を2種類だけに絞ったのは、服選びに費やす脳の負担を減らすためでした。考えずに服を選べれば、それだけ脳に余裕が出るというわけです。

私が、ルーチンを含めたやることのすべてをノートに書き出す理由も似ています。**なにも考えなくてもルーチンを行える態勢を整えることで、余計なことに脳の体力を使わないようにするのです。**

ノートにまとめると、考えずに行動できるようになります。脳のモヤモヤもなくなるため、頭がスッキリします。その頭で仕事に臨めば、スピードアップ間違いなしでしょう。

Point

やることをすべて書き出すことで脳の負担が大幅に減る

右ページには思いつき、新しい予定をすべて書き込む

これで「やることノート」の左ページの書き方の説明が終わりました。今度は、見開きの右ページの説明をしていきます。左ページに書くことは「仕事でその日のうちにやり終えなければならないこと」です。右ページには、

- **今日中にやらなくてもいいこと**
- **突発的な仕事**
- **ほかの人に頼める仕事**
- **電話の応答メモ**
- **その日に入った新しいスケジュール**
- **プライベートのタスク**

ノート右ページの使い方

1	4/20　企画書づくりスタート	いますぐ やらなくてもいいこと
2	4/25　専務出張戻り　判もらう	
3	5/1～　社員旅行打合せ	
4	5/15　安全技術会	
5		
6		
7		
8	伝票整理	ほかの人に 任せられそうなこと
9	B/K	
10	データ送信	
11		
12		
13		
14		
15		
16	4/16　15:00　●●ビル打合せ	この日に決まった予定
17	4/20　19:00　懇親会	
18	4/24　13:00　B/K面談	
19		
20		
21	佐藤さんにメモを渡す	電話の応答メモ
22		
23		
24		
25		
26		
27	母に午後メール	プライベートのタスク
28	塾のお金振込み	
29	ポストに投函	
30	牛乳を買う	
31	税理士会打合せ調整	
32	DVDを返す	
33		
34		
35		

などを書き込んでいきます。

基本的には**「思いついたこと、思い出したこと、いきなり発生したこと」を書くスペース**だと考えていただいてかまいません。

新しい予定などは、このノートに書かずにスケジュール手帳やグーグルカレンダーなどに入力すればいいいじゃないかと思いがちですが、仕事の途中で複数のノートや手帳に分散して書き込むのは非効率です。

仕事の途中で発生した新たなタスク・スケジュールはすべていったん、このノートの右側ページに記入しましょう。そして、そのあとでスケジュール帳に書き写していったほうが、混乱がなくなります。

Point

会社内のメモはいったん、ノートの右ページに書いておく

歓喜の赤マルでモチベーションをアップする

さて、これで1日分の「やることノート」の説明は一通り終わりました。書いただけで満足してはいけませんよ。

実際に仕事をやり始めて、1コマの仕事をやり終えたら、ノートの番号に赤ペンでマルをつけてください。

これが、その仕事をやりきった証です。

その日のタスクをこのノート1冊にまとめることも大事なのですが、じつは、**この赤マルをつける行為が、それと同じくらいとても重要なものになります**。

というのも、これによって仕事の進み具合をチェックし、達成感を得られるからです。

赤マルをつけて進捗チェック

2019年4月1日

①	決算書	(1)前年のコピーをとる
②	〃	(2)現金をチェックする
③	〃	(3)預金をチェックする
④	〃	(4)受取手形を整理する
⑤	〃	(5)支払手形を整理する
6	〃	(6)部長に確認してもらう
7	先週の出張の経費を精算する	
8	取引先との打合せ (1)	
9	〃 (2)	
10	〃 (3)	
11	〃 (4)	
12	〃 (5)	
13	荒川の現場パトロール (1)	
14	〃 (2)	
15	〃 (3)	
16	〃 (4)	
17	資金繰りの明細書を作成 (1)	
18	〃 (2)	
19	常務との打合せ (1)	
20	〃 (2)	
≀		
31	ルーチン	
32	メモ	
33	未処理	
34		
35		

自分の仕事が予定通りに進んでいるか一目でわかる!

※本書では説明のためにくわしく書いていますが、実際は、決算書は「K」、荒川の現場パトロールは「AGP」など略して書いています。

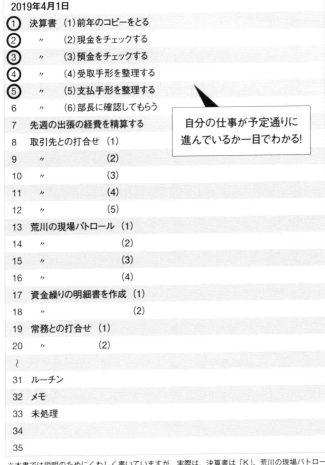

仕事が遅くなるのは、ダラダラと進めてしまうためです。

そこで、このノートのように15分以内という区切りを設定し、**15分ごとに進捗を管理すれば、自分の仕事が予定通りに進んでいるのかをしっかりチェックすることができます。**

そしてもう1つ大切なのは、達成感を覚えること。

今日やる全体の仕事量がどのくらいで、いまどこまで到達しているかがわからないと、達成感がまったくありません。

これは、どこにあるのかわからない目的地に向かって歩き続けるようなものです。しかし、目的地までの距離が10kmで、今は5km地点を過ぎたところ、などと達成した仕事の量を「見える化」できれば、「よし、もう折り返し地点まで来たぞ」とわかりますから、やる気が出ます。

これは「ルーチン」や「メモ」なども同じです。

ルーチンは、自分のルーチンシートにすべて赤マルをつけられたら、31コマ目に赤マルをつけましょう。

メモも、1日の終わりに手帳のメモなどをチェックし、「やることノート」に転記できたら32コマ目に赤マルをつけます。

ちなみに、週に一度、あるいは月に一度やればいいルーチンの場合、「今日はやる日じゃないな」と確認したら、その時点で赤マルをつけてしまってかまいません。

右ページも同様で、ほかの人に仕事を依頼できたり、スケジュール帳に転記できたり、やることの期日を確認したら、その時点でその日のコマに赤マルをつけましょう。

とにかく、**当日分の「やることノート」のすべてに赤マルをつけるのが目的です。**

Point

終えた仕事に赤でマルをつければ自分の仕事の進捗度合いがわかる

終わらなかった仕事には屈辱の青マルを

1日が終わっても、なんらかの理由で終えられなかった仕事もあるはずです。とくに最初のうちは自分が仕事を進められるスピードがよくわからず、左ページで就業時間内にやりきれなかった仕事が残ってしまったりするでしょう。

そうやって就業時間中に終えられなかったものは翌日に回すしかありません。その日の就業時間の終わりに次の日のノートを作成し、そこに転記してください。

この際に1つポイントがあります。

終わらなかった仕事に、青ペンでマルをつけるのです。

これは、終えた仕事に赤ペンでマルをつけるのと意味はまったく逆になります。「自分

はこの仕事を終えられなかった」という屈辱感を忘れないためです。

仕事を先延ばしすることがクセになると、仕事全体が遅くなります。そこで、青マルをつけることによって「どのくらいの仕事を先延ばしにしてしまったのか」を見える化しましょう。

すると「ああ、今日中に終えられなかった仕事がこんなにある」と視覚的に理解でき、いい意味での焦りが生まれます。

終わらなかった仕事を翌日のノートに写すことは、反省につながります。昨日ノートに書いたように同じ仕事内容をもう一度書かなければいけないからです。

先延ばしを繰り返すと、青マルや転記を何度も繰り返すことになります。すると嫌になりますから、「今日こそこの仕事を終えるぞ！」とプラス思考に変えることができるのです。

Point

終わらなかった仕事も青マルで見える化し、屈辱感を味わう

やることノートがあれば、仕事を断れる

やることがすべてノートに書かれていれば、どこまでやればいいのか、どこまで終わっているのかが明確です。**仕事に優先順位をつけることも簡単になるため、優先度の低い仕事に時間をとられることもなくなります。**

これはある年の年末に、私が経験した話です。決算書類や入札の仕事で忙しいときに、不意に新規の書類作成の仕事を頼まれてしまったのです。

以前の私なら、自分がどれだけの仕事を抱えているのかを把握していなかったので、引き受けていたでしょう。いったんメモ紙やふせんに「新規書類作成」と書き、目の前にある簡単な仕事を終わらせながら、定時になって慌てて書類の作成に取りかかり、深夜まで残業していたはずです。最悪、期限にも間に合わないかもしれません。

しかしそのときは「やることノート」がありました。そのため、その書類作成業務を行政書士に頼むことで、残業をすることなく切り抜けられたのです。

もちろん、行政書士に頼むとなると報酬が発生します。しかし会社としても、残業代を払うことや、残業が続くことでほかの仕事の効率が低下することなどを考えると安いものです。相手はプロですから、ミスもなく早い。

こうした判断を下し、行政書士に頼むことについて会社の了承を得られたのも、「やることノート」があったからでした。**仕事の全体像を把握しているため、自分でやるか、専門家に頼むか……つまり時間とコストとの兼ね合いで判断できたのです。**

「やることノート」は単に自分の仕事の効率を高められるだけではありません。**自分の抱えている仕事の量を明確に把握することで、突発的な仕事を頼まれても、どこまで引き受けられて、なにが無理なのかがはっきり伝えられるのです。**

Point

仕事がすべて見える化されると、自分のキャパシティがわかる

「自分がやらなくてもいい仕事」がわかる

仕事をしていると、ふと「ああ、あとであれをやらないと」とタスクが思い浮かぶことがあります。

そんなときはとりあえずノートの右ページに書き出せばいいのですが、書いたあとで、

「これは別に今日中にやらなくてもいいんじゃないかな」

「これは自分でやらなくてもいいんじゃないかな」

ということに気づくことが多々あるのです。これも、**いったんノートに書き出して客観的に眺めてみることで判断できることです。**

私はほかの人に任せられるタスクには青いペンで波線を引きます。

ノート右ページの使い方

4/20　企画書づくりスタート
4/25　専務出張戻り　判もらう
5/1～　社員旅行打合せ
5/15　安全技術会

伝票整理
B/K
データ送信

ほかの人に任せられそうなものは
青い波線を引いておく

4/16　15:00　●●ビル打合せ
4/20　19:00　懇親会
4/24　13:00　B/K面談

佐藤さんにメモを渡す

母に午後メール
塾のお金振込み
ポストに投函
牛乳を買う
税理士会打合せ調整
DVDを返す

もちろん、その人が期日までやってくれるように、翌日以降もノートには書き写しておきますが、これをやると「あれ、あの仕事はどうなったんだっけな?」という余計な不安がなくなります。

帰るときには、「やることノート」のすべてのコマにはなにかしらのマークが入っているようにしましょう。赤マルも青マルも波線もないコマが存在してはいけません。

もちろん、仕事が少ないときには空白のコマができます。私はそういうコマも、定時になったら赤マルをつけてしまいます。

やってみていただければわかるのですが、**コマの数字のところに赤マルをつけていくのはけっこう快感です**。その日が終わったあと、すべてのコマに赤マルがついていると、なんともいえない達成感を味わえます。

Point

1日の終わりには、すべてのコマになにかしらのマークが入っている状態にする

ノートは汚くてもOK

「やることノート」をつくる際に注意してほしいのは、「キレイなノートにする必要はない」ということです。

もちろん、キレイであるに越したことはありませんが、「キレイに書く」ことは目的ではありません。目的は、ごちゃごちゃしたタスクをまとめ、頭をスッキリさせることです。

ここはとても重要な点です。

この点を見誤ってしまうと、手段と目的が入れ替わってしまいます。本書のなかで図で説明しているところはキレイにつくられていますが、実際に私が使っているノートは手で殴り書きをしているので、私でないと判読できない場合もあります。

わざわざこのことを強調するのは、**ノートをキレイにすることに労力を注ぐと、本来の**

目的である情報をまとめることがおろそかになるからです。

じつは、私が大学受験を失敗した理由も、キレイなノートを書くことにこだわりすぎたためでした。受験生だった私のノートは、今の「やることノート」とは比べ物にならないくらいキレイだったのですが、受験には失敗。

キレイなノートをとることにフォーカスし、覚えること、理解すること、読み取ることをおろそかにしていました。これでは意味はありませんよね。

あなたは、受験生時代の私の轍《てつ》を踏まないでください。

繰り返しになりますが、やることノートの目的は情報をまとめることであり、キレイに取ることではないのです。

Point

ノートは自分がきちんと判読できるように書けばそれで十分

優先順位の高い仕事ができるのは実質4時間だけ

「やることノート」を書き始めると気づくと思いますが、**十中八九、あなたが立てたスケジュールはすべて終わりません。**

会社員の仕事には、突発的な仕事や、お客様からの急な依頼などが割り込んでくるからです。

私の経験からですが、**本当に自分がやりたかった仕事ができるのは、8時間の勤務時間のうちの4時間くらいでしょう。**

具体的には午前中に2時間、午後に2時間という具合です。多くの人はこのことを把握していないので、「自分がしなきゃいけないことができなかった！」と言いながら、残業をしてその作業を始めるのです。

1日に4時間も自分が本来やりたかった仕事を集中してできれば、かなりの成果が出ると思います。

そこで大事なのは、**ノートにやるべきことを書き終わったあと、どの仕事を本当に今日中に終わらせるか、優先順位をつけるということ。**テレビ番組でよくあるような、ランキングをつけるわけです。

これを「やることノート」に順位を書き込んでいきましょう。書き込む場所は、コマのなかの仕事の右隣などでOKです。

最初から「やることノート」に書いたことをすべて完璧に終わらせようとしても、ほとんどの人にとってそれは大変なことです。青マルをつけざるを得ない項目が出てくるでしょう。

そこで「自分は全然できない、ダメだ」と自信をなくし、「やることノート」そのものをやめてしまったら意味がありません。

ということで、最初のうちは、

「1日のうち4時間（つまり16コマ）は自分が本来やりたかった仕事をする」

ということを目標に掲げましょう。

これですら、なかなか実行が難しい人もいると思いますが、何日かやれば必ずクリアできるはずです。

Point

最初のうちは4時間をやりたい仕事に使うことを目標にする

3章

残業をゼロにする時間の使い方

午前中はガムシャラタイム

2章では「やることノート」のつくり方と使い方を説明しました。

ここからは、「やることノート」を使うことをベースに、さらに仕事の効率性を高め、残業をゼロにしていくための時間の使い方についてお伝えしていきます。

「やることノート」には番号が振ってありますが、その順番で仕事を進めなければならないということではありません。

ノートに書いたことを実行する順番は自由に決めて問題ありません。ただ、時間帯によってどんな仕事をするべきかというアドバイスはあります。

「やることノート」において仕事を15分で区切るのは、多少疲れてきても、15分というのが、普通の人が集中できる上限であるからです。

しかし時間帯によっては、人間は15分よりもっと長く集中状態を維持できます。それは起床してからランチを食べるまで……つまり午前中です。

この時間帯は仕事のゴールデンタイムです。頭が冴《さ》えている午前中の2時間のパフォーマンスは、夜の4時間や6時間に相当すると言われています。私の体感でも、2倍以上の効果があります。

そこで、午前中は15分間隔で仕切るのではなく、30分とか45分とか、2～3コマ分の時間を連続して取り組んだほうが効率的なこともあります。

私は午前中のこの時間を**「ガムシャラタイム」**と名づけています。できればこの時間帯のうちに、1番時間がかかりそうな大きな仕事をやってしまいましょう。

その作業に集中するために、

「電話を取り次がせない」

「メールには返信しない」

「上司に声をかけないようにお願いする」

などのルールを設けています。

あるいは、会社の空いている会議室に移動したり、近くのカフェやコワーキングスペースなどに避難するのも有効な手段です。

ノートで仕事を15分で区切ったからといって、必ずしもそれに固執する必要はありません。自分が十分に集中している状態に入ったら、その勢いを殺してしまわないように、一気に仕事を片付けてしまうのもアリです。

Point

午前中は1コマ15分にこだわらず、一気に仕事を進めてもいい

朝からやる気を出すための15分ルーチン

朝のほうが集中力を発揮できるといっても、出社していきなりフルパワーで集中するのは難しいという人もなかにはいるでしょう。睡眠時間の長さや長年の習慣が原因となっている場合もありますが、朝はなかなかエンジンがかからない人もいます。

そういう人は、出社してとりあえずコーヒーを飲んだり、メールのチェックをしたり、SNSなどを閲覧するなど、ラクでいつでもできることに午前の貴重な時間を使ってしまい、大きな仕事を無意識に回避してしまいます。

そこで、そんな人でも気持ちを切り替え、午前中から大きな仕事に取り組むモチベーションをつくる方法をお伝えしましょう。

それは**15分ルーチンワーク**です。コーヒーを飲んだり、メールやSNSチェックをしてもいいですが、要するにそれを15分で切り上げればいいのです。

すでに説明していますが、ダラダラしてしまう原因は時間を区切っていないからです。出社直後にすぐエンジンがかからない人が、とりあえず簡単な作業から手をつけるのは問題ありません。**真の問題は、その簡単な作業に時間の制約をつけていないことなのです。**

ルーチンワークは、時間を区切ってやりさえすれば、脳のウォーミングアップに最適です。15分程度で終わることをセットにしておき、それを終えたら仕事に取り組むことを習慣にしてみましょう。

もちろん、午前中の15分は貴重なので、もっと短時間で仕事モードに切り替えて集中する際の「スイッチ」を決めておくのもいいでしょう。

私の場合は、メガネを日常用から仕事用のものに変えることをスイッチにしています。職場では遠近両用の少し特殊なメガネを使っているのですが、普段（外用）のメガネを外し、仕事用（室内用）のメガネに変えた瞬間に、「働くスイッチ」が入ります。マンガ『ドラゴンボール』の孫悟空がスーパーサイヤ人に変身するように、自分を覚醒させるイメージです。
「おはよう」とあいさつしたとき、コーヒーを飲み終わったとき、そして「やることノート」を開いたとき……あなたが良いと思うスイッチならなんでも大丈夫です。**「コレをしたら集中モードに切り替える」というスイッチを決めてみてください。**しばらく続けるうちに習慣になり、習慣化されると、スイッチを入れるだけで無意識に集中できるようになります。

Point

脳を集中させるためのウォーミングアップとスイッチを用意する

朝にテレビをつけてはいけない！

朝起きたときからテンションが上がらず、「仕事に行きたくないなあ」と思うことは、だれにでもあります。そんなとき、職場に行くまでにモチベーションを高める方法をお伝えしておきましょう。

まず1つは**音楽の力を借りること。**目覚ましのアラーム音より、自分が好きなテンポのいい音楽で目覚めてみるだけで、気分が変わったりします。

私の場合は映画『ロッキー』『TAXi』のテーマソングや、アントニオ猪木さんの入場曲『炎のファイター』などを聴くと元気が出ます。もちろん、元気で明るく、歌詞も前向きになれるようなものならなんでもかまいません。

もう1つ大事なのは、**ネガティブな情報をシャットアウトすること。**とくに、テレビのニュース番組はあまりよくありません。ニュースというのはどうしても事件や事故、災害、経済問題といった暗いものになりがちです。

私がお勧めしたいのはビジネスや自己啓発、語学などの音声、映像を流すこと。もちろん購入しなくても、最近はレンタル店でそういった商品の品揃えが充実しています。あるいは、YouTubeなどの動画サイトを利用してもいいでしょう。

私は講師としての仕事もしているため、漫才やコントなどの映像を見ることもあります。芸人さんたちのトークや間の取り方は、しゃべるときの参考になります。もちろん、朝から笑うことで自然とテンションも上がります。

通勤時間もうまく活用しましょう。疲れた顔の人ばかりのギュウギュウ詰めの通勤電車にただ乗っていると、自分のテンションも下がります。そこでもイヤホンで音声を聞くといいですね。

とくに最近はビジネス書の内容を読み上げてくれるオーディオブックのサービスも拡充しています。これのいいところは、音声のスピードを自分の好きなように変更できる点です。

オーディオブックを聴いたことがある人ならわかると思いますが、オリジナルのスピードで聞いていると、けっこう遅く感じるものです。

人によって差はあると思いますが、少し早めに聞いたほうがスムーズに頭のなかに入ってくるのではないでしょうか。

また、早い音声を聞くことによって、その速さの情報を処理できるように、脳の働きもスピードアップすると言われています。つまり、有益な情報を仕入れながら、脳トレもできるというわけです。

Point

音楽や映像の力を借りて寝起きから出勤までにテンションを上げる

郵便はがき

162-0816

恐れ入ります
切手を
お貼りください

東京都新宿区白銀町1番13号

きずな出版 編集部 行

フリガナ

お名前　　　　男性／女性　未婚／既婚

(〒　　-　　)
ご住所

ご職業

年齢　10代　20代　30代　40代　50代　60代　70代～

E-mail

※きずな出版からのお知らせをご希望の方は是非ご記入ください。

愛読者カード

ご購読ありがとうございます。今後の出版企画の参考とさせていただきますので、アンケートにご協力をお願いいたします（きずな出版サイトでも受付中です）。

[1] ご購入いただいた本のタイトル

[2] この本をどこでお知りになりましたか？

1. 書店の店頭　2. 紹介記事（媒体名：　）
3. 広告（新聞／雑誌／インターネット：媒体名　）
4. 友人・知人からの勧め　5.その他（　）

[3] どちらの書店でお買い求めいただきましたか？

[4] ご購入いただいた動機をお聞かせください。

1. 著者が好きだから　2. タイトルに惹かれたから
3. 装丁がよかったから　4. 興味のある内容だから
5. 友人・知人に勧められたから
6. 広告を見て気になったから
（新聞／雑誌／インターネット：媒体名　）

[5] 最近、読んでおもしろかった本をお聞かせください。

[6] 今後、読んでみたい本の著者やテーマがあればお聞かせください。

[7] 本書をお読みになったご意見、ご感想をお聞かせください。
（お寄せいただいたご感想は、新聞広告や紹介記事等で使わせていただく場合がございます）

ご協力ありがとうございました。

きずな出版　URL http://www.kizuna-pub.jp　E-mail 39@kizuna-pub.jp

ドライヤーとシェーバーで朝の5分をつくりだす

あなたは起床してから出勤するまで、どのくらいの時間をかけていますか？

この時間は、できるだけ短くするに越したことはありません。

朝、家で勉強をしたり、私のように執筆をしているなら別ですが、出社までの時間をダラダラ過ごしていると、それだけで会社に行きたくなくなってしまう危険性があるからです。朝の準備をどのようにするかは、見落としがちですが、意外と大事なのです。

できれば、**朝の支度もタイマーを使って、制限時間を設定しながらやりましょう。**出社するまでにやることは基本的にルーチンだけのはずですから、制限時間も比較的決めやすいはずです。

私はそのときの道具にもかなりこだわっています。朝にシャワーを浴びるのですが、ドライヤーは早く乾かすために、1200ワット以上のものを使っています。バスタオルも、吸水性の高いものにして、サッと手早く体が拭けるものを選ぶようにしています。

男性の場合、髭剃りも同様です。私は電気シェーバーを使っていますが、これも多少高くてもいいから、短時間でしっかり剃れるものを選んでいます。たとえば髭剃りを1日5分短縮できたら、1ヶ月で150分、1年で30時間も短縮できます。数千円の差でそれだけの時間を買えるのですから、かなりお得です。

お金は無駄に使ってもあとでいくらでも取り戻すチャンスはありますが、無駄に使った時間はなにをどうやっても取り戻すことはできません。

ただし、朝にしっかり時間をかけてほしいことがあります。それは「歯磨き」です。これは、私自身の苦い経験に由来します。

いつものようにタイマーで時間を計りながらマッハで朝の支度をし、短時間の新記録が出せそうだと思いながら歯ブラシを口に突っ込んだそのとき、歯茎に歯ブラシを強打してしまったのです。経験がある人は少ないと思いますが、かなり痛いです。そして、歯磨き粉が血でピンク色に染まりました。最近は、シャワーを浴びながら一緒に浴室で歯磨きも済ませるようにしています。

ここまで急いでいる人は少ないと思いますが、歯磨きを適当にやって虫歯や歯周病になれば、歯医者で治療する時間やお金が無駄にかかります。もれなく、痛い思いもついてきます。

Point

道具にこだわってでも、朝の支度はスピーディにする

ニンジンとライオンで自分をコントロールする

脳のコンディションがいい午前中に集中するのは、さほど難しくありません。問題は午後以降です。

ランチを食べて体が重くなりますし、疲れも出てくるので、午後にはどんな人でも、どうしても午前中よりもパフォーマンスが落ちてしまうのです。

もちろん、そんな状態でも集中力を維持できるように15分単位で仕事をしているのですが、それでも、だらけそうになったらどうするか？

そこで有効なのが**「ニンジンかライオン作戦」**です。馬は目の前にニンジンがぶら下がっていれば夢中になって走ります。あるいは、うしろからライオンが追いかけてきていれば、その場合も必死になって走ります。

人間も同じです。**集中して仕事に取り組むためには、目の前にニンジン（ご褒美）を用意するか、うしろにライオン（罰）を用意する。**これが基本です。

ライオンは、「残業をしないこと」です。

17時なり18時なりの定時に帰ると決めていれば、タイムリミットが迫ってくるため緊張感が生まれ、嫌でも集中できます。ライオンが追いかけてきたら、必死に逃げるのと同じです。

ニンジン、つまりご褒美は、あなたが好きなもの。私はお酒が好きなので、お酒をご褒美にすることが多いですね。

この仕事を終えられたらビールを飲もう、でも定時までに終わらなかったら発泡酒で我慢、という具合に、こなした仕事に応じてご褒美を変えています。

そのほか、ポテトチップスやチョコレートなどの菓子類。夜ご飯のおかずにコンビニのカラアゲやおでん。あなたのニンジンになるものなら、なんでもいいのです。

こうしたものとは別に、「大きなご褒美」もあるとよいでしょう。

一大プロジェクトを終えたら、決算業務を終えたら、あのクレーム対応がうまくいったら……などなど、長期間かかる仕事なら、ポイントカードのように5つの内容に分けて、5つすべて達成したらご褒美にするなどゲーム感覚を取り入れてみてください。

ご褒美もちょっと豪華に、映画に行くとか、寿司屋に行くとか、旅行に行くとか。少し先ですが、大きなご褒美があればモチベーションも上がるというものです。

仕事ではないですが、私が税理士試験の勉強をしているときも、「この大きなご褒美」をニンジンにして頑張りました。

試験は年1回、毎年8月に行われます。5科目受験するのに何年もかかりますが、9月まで授業がないので、試験が終わってからの1ヶ月はオフになります。

そのときに、ご褒美として、見たかったドラマのDVDをレンタルビデオ店で借りてきて見まくっていました。

あるいは、**自分のためにはなかなかがんばれなくても、家族のためだったらがんばれることもあります。**

ここまでできたら、子どもの好きなフルーツを買って帰ろう。パートナーの好きなチーズケーキを買って帰ろう。チーズケーキがおいしいあの店は19時までしか開いていないから定時に帰らないと間に合わない。がんばろう！

自分のためのニンジンより、大切な人へのニンジンが、より集中力を増すのです。

Point

罰とご褒美をうまく組み合わせて、自分のモチベーションを上げる

過去の自分と競争する

仕事に集中するためのもう1つのコツとして「競争」の心理をうまく利用する方法があります。よく知られているように、ライバルを設定し、営業成績や収入など数値化できるパフォーマンスを競うとモチベーションが上がります。

しかし営業職の方ならともかく、そう都合よく競争相手が見つからない方も多いでしょう。とくに事務職だと、なかなか自分と仕事の実績を比べる相手がいないと思います。

そんなときは、過去の自分と競争してください。同じ、あるいは似たような仕事を過去に手掛けたことがあるはずです。

「やることノート」をつけていれば、過去の自分が似たような仕事をどのくらいのペースで進めていたか記録されていますので、競争することが可能です。去年と同じ仕事を70%

の時間で終えるとか、同じ時間をかけるなら質をアップするなど、昔の自分自身と競争できます。

過去の自分に勝つためには、もっと成長するしかありません。

他人との競争では、たまたま相手の調子が悪ければ、自分ががんばらなくても勝ててしまうことがあります。しかし、過去の自分との競争では、そういうまぐれ勝ちが絶対にないのです。「やることノート」はそのためにも役立ってくれます。

「過去のいまごろ、5日連続で青マルをつけて終えられなかった仕事が、今回は青マルをつけずに、1日でやり遂げられた！」

そんな成長に気づけるのもやることノートの良いところです。

Point

競争はモチベーションを上げる。ゲーム感覚で過去の自分と競争を！

社内の雑談で時間を浪費しないために

会社員にとって、集中して仕事をするときに意外と厄介な存在が「社内の人たちとの雑談」ではないでしょうか。

もちろん、雑談がすべて悪いわけではありません。同じフロアに何十人もいるのに、まったくなんの会話もなくシーンとしているのは、それはそれで気分が重くなりますよね。雑談はコミュニケーションとして必要な側面もあるので、ゼロにする必要はありませんが、内容や程度が問題になります。

仕事とはまったく関係のない雑談は、時間の浪費にもつながります。愚痴なんかが交わされていると、なんだか自分までイライラしてきますよね。では、どうするか？

これも答えは同じで、**時間を区切っていれば時間を浪費することはありません。雑談そ**

のものが問題なのではなく、雑談をダラダラと続けてしまうことが真の問題なのです。そのため、基準を設けることが大切です。

私のチームではルールを決めています。午前中の集中しなければならない時間帯は、雑談に限らず、緊急だったり、重要な話以外は話さないと決めています。もちろん、工事現場で苦情を言ってきている方の対処方法や、聞かなければ先に進まない仕事の相談などは例外ですが。

私は部下にいつも、**「何分話せるか伝えてから話し始めよう」**と言っています。3分だけ話す、と決めておけばダラダラと長引くことはありませんし、集中して話ができます。

また、部下に対してはあらかじめ厳密に指示を与えておくことが、ご自身が集中できる環境づくりのコツです。朝のミーティングで、多少時間がかかっても、部下があとで質問する必要がないくらいの指示を伝えるべきなのです。

Point

雑談にも制限時間を設け、ダラダラと話をしないようにしよう

上司の世間話をサクッと切り上げる裏ワザ

自分や同僚、そして部下の雑談は、けっこうどうにでもなります。困るのは、上司がおしゃべりである場合です。

部下なら〆切を伝えればいいのですが、上司相手では難しい。そして邪険にもできないので、ついつい付き合っておしゃべりをし、自分の仕事をやる時間がなくなってしまう人も多いのではないでしょうか？

じつは、私も過去に勤めていた小さな建設会社ではこの問題に悩まされていました。部長や取締役と同じフロアにいたのですが、2人とも大のおしゃべり好きで、それに付き合っていたせいで仕事が進まず、夜中まで残業を続ける日々だったのです（しかも取締役は朝が早く、それに付き合った私の出社時間も定時より1時間早かったのです……）。

おしゃべりな上司対策としては、「自分はいま集中しているんだ、忙しいんだ」ということをそれとなくアピールする方法を準備しておきましょう。機会をとらえて、自分が抱えている仕事の多さを伝えると効果的です。

そしてとっておきの方法があります。**上司の話が始まったら、たとえば3分程度で鳴るようにセットしておいたアラームをオンにしておくのです。**そうすると3分後にアラームによってスマホが振動しますよね。それに、あたかも電話が来たかのように対応すればいいのです。

さすがに電話が来れば、上司も話を切り上げるでしょう。ここだけの話ですが、私は同じように話が長いお客様が来たときも、同じような手を使って緊急な用事が入ったノリをし、早めに帰ってもらうことがあります。

Point

上司の雑談を防ぐには忙しいフリや演技力も重要

視野をシンプルにする

あなたの机の上にはなにがあるでしょうか？　散らかってはいませんか？

ごちゃごちゃした机は集中の妨げになります。

仕事に集中しようとしても、目の前の仕事以外の書類や資料などが視野に入ると、「そういえば、これはどうなっていたんだろう」と気になってしまいます。私がふせんにやることを書いて目の前に貼り出すのを推奨しないのと同じ理由です。

「やることノート」で脳から余計なものを排除したように、視野からも余計なものを排除するのが集中するためのポイントです。

私の机の上には、いま取りかかっている仕事に必要なもの以外はなにもありません。本当にゼロです。

私はパソコン用の机と書類仕事用の机の2つを使っていますが、パソコン用の机にはパソコンしかなく、書類仕事用の机の上には、どうしても必要な電話しか置いていません。

つまり、ペン立てもカレンダーもティッシュの箱すら、机の上にはないのです。

こうすると視野内には集中すべき仕事しか存在しませんから、気が散ることがなくなります。

いますぐ必要になることはないが、身の回りに置いておきたい文房具や書類は机に出さず、引き出しにしまいましょう。

ただし、しまい方にもコツがあります。

大塚商会の調査によると、ビジネスパーソンは1年に150時間も探しものに費やしているそうです。**年間250日勤務すると、1日36分も「なにかを探す」というまったく生産性のないことに時間を費やしているのです。**もったいないですね。

探しものをする大きな原因は、ものが多過ぎることがあげられます。使わないものはどんどん処分しましょう。

ただし、片づけられない人は、ものを捨てることが苦手です。そこで、**片づけにおいても「〆切」が効果を発揮します。**

1年という〆切を決め、その間使わなかったものは捨てる。これだけでものはかなり減るはずです。必要なものも、「毎日使うもの」「週に一回くらい使うもの」「あまり使わないもの」と使用頻度で分けてしまうと迷うことがなくなります。

探すという時間自体も無駄ですが、探すことの害は、それだけではありません。集中して仕事をしていたのに、「消しゴムがない」「赤ペンがない」「パソコンのファイルが見つからない」……そのたびに集中ゾーンに入っていたのに、現実世界に戻されるのです。一度切れた集中力を戻すのは大変です。

整理整頓は、探しものという無駄な時間を削減してくれるとともに、集中力を切らないようにしてくれるのです。

Point

視野をシンプルにするため、できるだけ机の上にはものを置かない

4章

自分もチームも残業させない仕事術

すべての基本は「アイスピック仕事術」

友人が働きながら中小企業診断士に受かったときの話です。

彼は会社のリストラ要員になり40代で役職を外され平社員になりました。コンピューターシステムのプロジェクトリーダーを解任され、出世コースから外れ、地下にある倉庫係に異動。自暴自棄になり、すべてを投げ出そうと思ったそうです。

しかし当時はリーマンショックで大不況の時代。辞めることもできず、悶々とした日々を過ごしていました。そこで出会ったのが中小企業診断士の資格。この資格を取って独立することを決めたのです。

合格者の平均勉強時間が６００時間。絶対合格して人生を逆転しようと思っていたことから１０００時間勉強するという目標を立てました。勉強期間は、たったの６ヶ月。さすがに6ヶ月では無理と私は思いましたが、彼は細分化したのです。1ヶ月170時間。1日平均5時間30分ですが、土日を10時間ずつ勉強することで、平日は4時間の勉強で済むように計画を立て、無事1回の試験で合格しました。彼はいま独立開業し、ある会社の社外取締役にもなっています。

漠然と資格の勉強をし、闇雲に手を出しても、おそらくこの友人は受からなかったでしょう。どこまで勉強すればいいかもわからないので、やる気も湧かなかったかもしれません。細分化することでやる気を持続していったのです。

やる気を出すための基本は、やはり、仕事を細分化することです。労力がかかる大きな仕事が目の前にあると、誰でも嫌になってしまいます。時間もかかるし、面倒くさいと思ってしまう。逆に、小さな、すぐ終わる仕事ならやる気が出るはずです。

ならば、大きな仕事を小さくしてしまえばいいのです。ここまで見てきたように、どんな大きな仕事も、小さな仕事の集合でしかありません。したがって、細分化できます。

私はこの方法を、**「アイスピック仕事術」**と呼んでいます。

氷山のような大きな氷は溶けるまでに時間がかかります。しかしアイスピックで細かく砕いてしまえば、砕かれた小さな氷はあっという間に溶けてなくなります。

この章では、「やることノート」で仕事をリストアップしてまとめたあと、実際にそれを実行していく上での壁となる**「やる気」を引き出すためのオリジナルの仕事術**をご紹介していきます。

アイスピック仕事術などの名前をつけているのは、ただ「仕事を細切れにしましょう」と提案するよりも、固定イメージのある言葉のほうが覚えやすいと考えたからです。いきなりすべてを実践しなくてもOKですが、まずは仕事術の名前だけでも覚え、仕事を手早くかたづけるためのコツを理解してください。

Point

仕事も勉強もアイスピックで氷を砕くように小さくしていこう

考え込むのはNG！「ホラー映画仕事術」

映画好きの方には怒られてしまうかもしれませんが、ホラー映画（とくにB級とよばれるもの）は、冷静に考えながら鑑賞すると一気につまらなくなってしまいます。

外は危険だとわかっているのに、1人ずつ単独行動をする登場人物。やっと車に乗り込んでもかからないエンジン。パトロールに来た屈強な黒人の警官がすぐモンスターにやられてしまうのに、華奢《きゃしゃ》なヒロインがなぜかいい勝負をする……などなど。

十分に細分化した仕事は、じつはホラー映画に似ています。細分化すると、どうしてもおもしろくない作業が発生してしまうのです。

だからといって、躊躇《ちゅうちょ》しているヒマはありません。頭を空っぽにして、ひたすら手を動かすことが必要な場面もあります。**ときには考えないで仕事を進めることも大切です。**

というのも、いろいろなことを考えてしまうと、人は「やらない言い訳」を見つけてしまうからです。たとえば電車で目の前におばあさんが立っている。「どうぞと言って断られたらどうしよう？　『次の駅で降りるからいいです！　そんな歳じゃありません』と言われたら……」と、考えているうちに、もう立ち上がれなくなります。

アメリカのメル・ロビンスが著者で発表した「5秒の法則」というものがあります。**「人は5秒で言い訳を考える」**というものです。逆にいうと5秒以内に行動してしまえば、脳が言い訳を思いつくヒマがありません。即行動ができるのです。

だから、**「やることノート」をつくってそこに仕事を書き込んだら、そういう言い訳を見つけてしまう前にサッサと手をつけて片づけてしまうことも有効です。**

目覚ましが鳴ったら、何も考えずにすぐ起きる。電車内でお年寄りを見たら、すぐに立ち上がる。考えるより行動が先！　こうすれば、無駄な時間を過ごさずに済むのです。

このことを知ってから私も劇的に仕事の効率が上がりました。意識していないだけで、意外と回避していることが多いのです。

たとえば、長文のメールを見て、面倒なので返信しないで過ごしてしまう。難解な書類を「ほかの仕事でいま忙しいから」と後回しにしてしまう。嫌な上司から判をもらわなきゃならないときに、「いまは機嫌が悪そう（本当はいつも機嫌が悪そうな顔をしている）だから」と後回しにしてしまう。

メールは読み切り、書類は読み終え、判をもらわないと、二度手間になるのです。**「自分はいま5秒の法則の言い訳を考えている」**と自覚するだけで、どんどん仕事に立ち向かえるようになります。

1章で「なんでもすぐやるのはNG」と説明しましたが、**自分が面倒くさくて後回しにしたいと思ったものほど、「すぐやる」が効果的になります。**すごく長いメールがきても、頑張ってすぐ返す。そうするとラクなのです。

Point

細分化し終わった仕事は、あまり考えずにどんどん処理したほうがよい

手をつければ、人はやりたくなる

韓国に、「始まりが半分」ということわざがあります。物事は、始めてさえしまえば、全体の半分は終わったも同然、ということです。このことわざのように、仕事では、とにかく始めること、手をつけることが大切です。

勉強でも**「スリーミニッツ勉強法」**という方法があります。気が乗らなくても3分だけやってみる。今日は30分勉強しようと思っても仕事で疲れて机に向かいたくない、でもやらないと三日坊主になる。それだけは避けたい。

そこで「3分だけテキストを読んで寝よう」とやってみるのです。すると、最初は3分だけと考えていても、一度始めてしまえば疑問点が湧いたり、「せっかく座ったんだから、もう少しやろうか」「あと1ページだけ見て、忘れ止めに問題を解いて……」と、気づいたら30分どころか、1時間も行っていることが多いのです。

一番難しいのは始めることです。始めてしまえば継続はそう難しくない。このことは心理学的にも証明されています。

人は、作業に手をつけると、それを続けたくなってしまいます。このことを心理学では**「作業興奮」**といいます。さきほどの勉強の例も作業興奮が作動したからです。あなたも身に覚えはないですか？

「縄跳びを毎日１００回やろう」と思うと、気が重くなって続きません。でも、あまり深く考えずに「1回だけ飛ぼう」と思ったら、間違いなく1回では止まらないはずです。気の重さなど消えてしまう。これも、作業興奮が働いているからです。

「たくさんやろう」「しっかりやろう」などと考えるから、続かないのです。なにも考えずに、とりあえず始めてみましょう。

Point

仕事に手をつけると「作業興奮」により、続けたくなる

ピンチこそチャンスの「ルパン三世仕事術」

アニメ『ルパン三世』で、こんなシーンがありました。敵の罠にかかってしまったルパン一味。後ろ手に縛られ大ピンチです。そんなとき、次元がルパンにこう言うのです。

「おもしろくなってきたじゃないか」

ピンチこそおもしろい、という発想は、仕事においても1つの真理です。

テレビゲームでも、攻撃一発ですぐに倒せてしまう弱い敵ばかりだったらぜんぜんおもしろくないですよね。倒すのが難しい奴も出てきて、工夫をし、レベルアップし、何度もチャレンジすることで倒せたりすることに達成感を覚えるのです。

仕事も同じです。**なにかしらトラブルや問題が発生し、アイディアやチームワークなどでそれを解決することが仕事の快感であり、仕事の醍醐味なのです。**当たり前の仕事を当たり前に終えるだけなら、昇給も成長もないでしょう。よくて現状維持だけです。

人が成長できるのはピンチを切り抜けたときです。何度も断られた銀行からの融資をやっと取りつけた！　ライバル会社のテリトリーに食い込んで大型の契約を結ぶことができた！　何度もクレームを言ってくるお客様を笑顔にして帰すことができた！

そんなとき、周りから「凄いな〜」「よくやった」「お前のお蔭で会社のピンチが救われた！」「本当にありがとう！」という言葉が出てくるのです。

その言葉が積み重なり続けることが、成長の証なのです。スキルアップし、その他大勢から抜け出し、力がつき、キャリアアップするのです。

私はとある企業に転職したとき、入社11ヶ月で課長に昇進しました。1年未満での管理職への昇進は同社では創業以来初めてのことだったようです。

理由のひとつは、ピンチをチャンスに変えたことにあります。私の場合、それは急に発生した巨額の土地取引でした。先代の社長がバブルのときにとある土地を購入していたのですが、それを売却することになったのです。とはいえ、土地売買は社員のだれもがまったくの素人。一方、買主は土地取引の専門家集団です。

私もそういう経験はゼロでしたが、とりあえず担当しました。相手の肩書きがすごいのに、こちらは役職のない名刺。先方も困ったと思います。境界線の話や住民説明会など、初めてのことだらけで骨が折れましたが、なんとか売買契約を成立させました。


それともう1つ。ある仕事を依頼していた会社が、翌月末に240万の受け取りを控えていながら夜逃げしてしまったのです。

「夜逃げされたんなら240万を払わずに済んだんだから、良かったんじゃない？」

あなたはそう思ったかもしれません。ところが、その会社に支払いを踏み倒されたいろいろなところから、「その240万はうちに払われる分のお金だから、うちに払ってくれ」と内容証明付き郵便が届き、電話がバンバン鳴り続けたのです。

「いろいろなところ」と書いたように、ここには会社ではない危ないところも含まれています。20社くらい来たので、全部に払うと4800万円です。240万だった支払いが、なぜか相手の夜逃げによって4800万円払うという、おかしな話になってしまったのです。

この案件は「窓口がたくさんあると混乱するから、1ヶ所の方がいいよね」というよくわからない理由で、すべて私が担当することになりました。

当時はインターネットも普及しておらず、知り合いの弁護士もいません（いまなら知り合いの弁護士に連絡して解決したでしょうが）。そこで、私は書店に行って本を買い、とにかく自力で調べました。

すると「240万円は、債権者で分けてください。うちはもう放棄しますから」という意味の「供託」という手続きを法務局で行えばいいということがわかったのです。ワラをもつかむ思いで法務局の窓口に直行。こうしていろいろな手続きを経て、やっと解決し、無事にピンチを乗り切ることができました。

供託の手続きが終わったあと、役職のない名刺でいろいろな対応をするのも大変だろうという意味もこめて、課長になれたのです。

あのときはなかなかのピンチでしたが、それらを乗り切ることでスキルアップやキャリアアップというチャンスを得ました。**ピンチを切り抜けたからこそ昇進できたのです。**普通の業務を淡々とやっているだけでは、こんなスピードで昇進はできなかったでしょう。

難しい仕事、危険な案件にこそ自分から手を挙げるべきです。

あなたがもし仕事でピンチに陥ったら、「くそ！　どうしてこんな目に遭わないといけないんだ！」と思うのではなく、あなたの心のなかにいる小さい次元に「おもしろくなってきたじゃないか」と言わせてみてください。ピンチが致命的であるほど、物語はおもしろくなります。

あなたの人生は、あなたが主人公です。ルパン同様、仕事上のピンチが深刻であるほど、乗り越えた後のドラマは大きくなります。ピンチによって、あなたは次のステージに進むことができるのです。

Point

ピンチこそチャンス。危険な案件は人を成長させる

「真似ぶ」で学ぶ、「ルパン三世仕事術 part 2」

さて、ピンチがチャンスであることはわかりましたが、どのようにピンチを乗り越えるべきでしょうか？　ここでもまた、ルパン三世に登場してもらいましょう。

ルパンの職業は泥棒ですが、困難な仕事に直面したら、あなたもルパンのように泥棒になってみてください。なにも人の財宝を盗め、といっているわけではありません。**仕事のやり方を盗むのです。**

あなたがマイクロソフトの創業者ビル・ゲイツのようにまったく新しいテクノロジーを生み出しているなら話は別ですが、**世の中の仕事には必ずといっていいほど前例があります。**どんなに難しく見える仕事でも、必ずだれかが似たようなことを行っているのです。

たとえばロケットで火星に行く、という仕事を担当したとしましょう。

一見すると不可能に思えるミッションです。ロケットをつくり、火星まで飛ばし、着陸船を分離して火星に着陸……。気が遠くなりそうです。ゼロから手掛けていたら、何十年かかるかわかりません。

しかし、こんなミッションですら前例はあります。月面着陸を成し遂げたアポロ11号です。月と火星という違いはあっても、人を星に送り込んだわけですから。

したがって、あなたはまず、アポロ11号がどのように人を月まで送ったかを調べ、その方法を盗む、いや、真似るべきなのです。

もちろん、火星と月の違いがあるのでまったく同じ方法は使えませんが、踏襲できる点がたくさんあるでしょう。

このように、前例を探し、そのやり方を盗めれば、大幅に手間が省けます。逆にいうと、**豊富に前例があるのに、ゼロから悩んでしまうのは、大変な無駄です。**

親会社から出向してきた私の上司は、まず倉庫にある会社の資料を徹底的に読みまくりました。決算書、企画書、提案書、稟議書……。疑問点があるたびに質問され、改善点があるたびにメモさせられて大変でしたが、その上司は3ヶ月もしないうちに、私より会社のことについてくわしくなっていました。過去の書類を把握し、真似るほうが格段と仕事が速くなります。

ある大手広告代理店では、社員の過労死をきっかけに時間短縮の改善点を話し合いました。その1つが、お客さまに提案していた企画書を社員同士で共有することだったのです。

中小企業なら当たり前にやっていそうなことですが、そこではお客様1人ひとりに完全オーダーで、そのたびにゼロから企画書をつくっていたのです。それぞれの担当者が職人気質という傾向もあったのでしょう。

たしかに人それぞれに違いはあります。同じ人間はこの世にいません。しかし共通点、類似点もたくさんあります。**似たような年齢、役職、業種のお客様なら、社員同士で共有することで、良い企画書は盗み、真似ることで仕事が格段に速くなるのです。**

「学ぶ」という言葉は、「真似ぶ」に由来しています。前例の真似をすることは、まったく悪いことではありません。

火星行きですら前例があるのですから、あなたが地球上で手掛ける仕事にも必ず前例があります。悩む前に、過去に作られた資料を見る、先輩に似た案件がなかったか聞くなど、類似する仕事を探しましょう。


最後にルパン三世の雑学を1つ。

あなたが子どものころから見ているルパン三世の顔を思い出してください。目はクリっとしていて、もみあげが長く、サル顔……そんなイメージがありますよね。

一説によると、あの顔はまだ変装中なんだそうです。ルパンもずっと憧れの人の真似を続けているのかもしれません。

Point

どんな仕事にも前例があるので、そのやり方を真似る

嫌なときの即効薬「私は俳優！　仕事術」

どんな職場にも、嫌な仕事や嫌な人はつきものです。

子どものころ、あなたの担任の先生が、教え方が下手で、滑舌も悪く、黒板の文字も汚かったりしませんでしたか？　だからと言って勉強しないと損するのはあなたです。

青信号だからと道路を渡っていると、信号無視した軽自動車がツッコんできた。悪いのは運転手ですが、怪我をするのはあなたです。

担任のレベルが低いなら、塾に行ったり、友人と勉強をし合ったりして高めなければなりません。青信号でも左右を確認して注意して渡らなければなりません。

一番大切なのは腐らないこと。嫌な人がいるから、職場の環境が悪いからといって腐って成長を止めてしまったら、損をするのはあなた自身なのです。

とはいえ、嫌なものは嫌という感情も芽生えます。どのようにやり過ごすべきでしょうか……。

こんなときは、**「自分は俳優。いまは演技をしているんだ」**と思い込んでみましょう。

私はこれを、「私は俳優！　仕事術」と呼んでいます。

たとえば、嫌な上司がいた場合。

「昼休みに仕事を頼んでくるなよ」

「いつでもいいって言っていたから午後からやろうと思ったのに『まだできてないのか？』ってどういうこと？」

「この忙しいのに、また自慢話か。今年になって同じ話、何度目だよ、オチを先に言うぞ」

などと嫌な気持ちになりがちですが、捉え方を変えてみましょう。

「私は俳優で、ここは舞台。上司も嫌な役を演じているだけなんだ」

こう思えば、怒りも少し収まってきませんか？

それでもまだ腹が立っているなら、**「この人はあえて、反面教師を演じてくれているんだ」**

と思い込みましょう。つまり、相手も俳優なんだと思い込むのです。自分が将来、この上司の立場に立ったとき同じようなダメ上司にならないように、あえてダメな人物を演じてくれているんだ。

このように思えば、気も楽になりますし、**むしろその人の言動から「こうならないようにしよう」という学びを得ることができますよね。**

たとえば、私がこれまで職場で出会ってきた優秀な「反面教師役」の人々から得られた学びには、次のようなものがあります。

・昼休みや定時近くに、急ぎの仕事を頼むのはやめよう。部下の進捗状況をたえず把握しておこう！

・「いつでもいい」などの抽象的な言葉を使わず「今日の3時まで」など具体的な数字を使って指示するようにしよう！

・自慢話はつい言ってしまいがち。何年も一緒にいれば同じ話をしているはず。過去の自慢話、武勇伝なんて、あのときの自分のように部下は聞きたくないはず。建設的な未来の話をしよう！

私の人生のなかでは、しょせん脇役だったダメ上司を思い出しながら、いまの自分はそうならないように努めています。

嫌な上司がいたら、私がかつてしたように「俺が出世したら、こうはならないぞ」と胸に刻み、将来に役立ててください。

Point

嫌な相手は、「嫌な奴」を演じていると思い込む

もしも1年後にいまの会社を辞めるとしたら？

期限を設けることの重要さは「やることノート」をつくる上で強調しましたが、**期限は嫌な仕事に対しても有効です。**

たとえば、いまの会社が嫌で嫌でしょうがないとき。「嫌だなあ」と思いながら毎日を浪費するのは、無駄でしかありません。嫌ならば辞めてしまいましょう。我慢する必要はないのです。

そんなの無理だとお思いですか？　いいえ、そんなことはありません。「いますぐ辞めよう」と思うから、「それは無理だ」と考えてしまうのです。

期限を決めれば大丈夫です。たとえば、**「1年後の今日にこの会社を辞める」**と決めてみてはどうでしょう。そう考えてみただけで、目に映る光景の意味が、いままでとはガラッと変わります。

たとえばいままでは、退屈で仕方なかったコピー取り。決めたとたんに、企業の貴重な資料を、タダで、合法的に見られる時間に変わります。

1年後、独立したときのために書き方を覚えよう！

株主総会の資料はこうつくるのか！

さすが営業成績ナンバーワンの先輩、自信家で嫌みをいう嫌な奴だけどプレゼン資料はわかりやすい、真似しよう！

苦手な電話営業も、一年後、独立したときのためのスキルと度胸を養うために何度も挑戦しよう！

どうせ1年後には辞めるんだから、落ち込む必要もない。しかも、給料ももらえる。お金をもらって、練習できるなんて有難いな！　もっと嫌みを言ってくれ！　もっと厳しい仕事を体験させてくれ！　もっと過酷な問題を出してくれ！

「1年後に会社を辞める」と決めた途端に、それまで意味のない苦行に感じていたすべてのことが、将来のためのトレーニングへと変化するのです。

もちろん、このように考えたからといって、本当に1年後に辞める必要はありません。むしろ、そのように意識が変わることであなたの働き方、そして成果が変わり、あなたが社内で認められるようになって、「もうちょっとこの会社でがんばってみようかな」という気持ちが芽生えることだってあるのです。

同じ出来事でも、考え方ひとつで意味はまったく変わります。物の見方を変えることには、強烈な効果があるのです。

Point

「辞める期限」を決めると、嫌な仕事がトレーニングに変わる

仕事は「役づくり」で決まる

私は税理士試験の勉強をするときに、家具店で一番高価な机と椅子を買いました。当時の私には過ぎた買い物でしたが、あえて買ったのです。

それは、「役づくり」の一環でした。

目標にしていた税理士事務所の所長にふさわしい机を先に買ってしまい、役づくりをする。すると、合格という目標に近づくだろうと考えたためです。

べつに、高価な買い物をしなくてもかまいません。それよりももっと手軽で効果的な方法があります。それは、尊敬できる人に成り代わることです。

あなたの身近に尊敬する方がいたら、その方になった気分で演じてみてください。残念ながら社内にそういう人間がいない場合、同じ業界で素晴らしい実績を上げている人を見つけて、「その人だったらこういうとき、どういう行動をとるだろう」と考えるのをクセにしてみるのです。

ちょっと疲れたからといって、あの人はネットサーフィンをするかな？　いやここはがんばるだろうな！　ネットを見たとしても5分とか期限を決めるだろうな。

企画書をつくりかけのまま帰るかな？　いや、最後まで書き上げてから帰るだろうな。

このように、尊敬する人を考え、思いを巡らす。そして、同じように演じ、役づくりをすることで、相手に近づき、成長することができるのです。

自分が尊敬できる人なら、身近な方でなくても、歴史上の人物や、書籍で読むカリスマ経営者でもかまいません。

私は尊敬する役員の方の部屋にこっそり忍び込み、書棚の本のタイトルをすべてチェックしたことがあります。その人が普段、どんな本を読んでいたのかが気になったからです。いわば、役づくりのための勉強でした。

そして読んでいた本をすべて読破し、後日、飲んだ席で、それらの本に沿って話すと大いに喜ばれました。もちろん、部屋に忍び込んだことは黙っていましたが……。

役員が読んでいた本には難解なものもありましたが、とても勉強になりました。書店に行っても買わない本を強制的に読むことで、成長しました。

普段読まない分野の本が、視野を広げたのです。内容がわからなくても、形だけ真似るだけでも得るものがあります。

あなたも尊敬できる方を探してみてください。

Point

尊敬できる人を演じると、「役づくり」によって成長できる

部下を辞めさせない「銀座のクラブ仕事術」

あなたが管理職の場合、部下や後輩との付き合い方も重大な仕事になります。というのも、残業をなくすためには自分が効率的に仕事を進めるのはもちろん、自分がやらなくてもいい仕事をうまく部下やほかの人に振れることが重要になってくるからです。

とくに重要なのが、会社を辞めたいという気持ちにさせないこと。いくら自分の残業がゼロになっても、その分だけ部下の負担が増え、彼らのフラストレーションがたまってしまっては意味がありません。

厚生労働省が発表している「新規学卒者の離職状況」によると、大学を卒業した新入社員の3割、高校を卒業した新入社員の5割が入社3年以内に辞めているそうです。

私の経験上、**社員が「辞めます」と言ってきたときには、すでに決心も固く、引き留め**

るのはほぼ不可能です。そうならないように対策を練らなければなりません。

3年といったら、そろそろ一人前になり、会社に貢献してくれるような時期。いままでは育てるための投資ともいえる期間でした。やっと回収できると思ったときに辞められると会社も困ります。もちろん、上司としてのあなたの評価も下がります。

新入社員もほかにやることがあって辞めるなどの明確な意志があるなら別ですが、単に仕事が辛いから、嫌な上司がいるから、友達が入社した会社の方が楽そうだからなどの理由で辞めてしまうと、「辞め癖」がついてしまいます。

次の転職先では、もっと簡単な理由で辞めてしまい、スキルがなにも身につかないまま辞めてしまうので、その人自身もどんどん劣悪な状況になる可能性もあります。

たった3年で辞めることは、どちらにとっても不幸なのです。

企業も手をこまねいているわけではありません。あの手この手で、若手とコミュニケーションをとろうとしています。

あるコンサル会社の社長は、10名以上いる社員全員と、毎日交換日記をしているそうです。いまどんな状況で働き、どんな悩みを抱えているのかを理解することで、お互いに働きやすい環境にする。交換日記を始めてから離職者はゼロになったそうです。

そしてその社長は、自分のなかで交換日記のルールを決めているそうです。それは部下よりも1行でも多く書くこと。「今年、入ってきた新人の子がメチャクチャ書いてきて大変なんだ」とこぼしていました。顔は笑っていて、嬉しそうでしたが。

新入社員が辞めてしまう要因の1つは、年上の社員との意思疎通が難しいこと。とくに50代や60代の社員は新人によっては親の世代ですから、距離があります。

そこで年上への苦手意識を払しょくさせるためにお勧めなのが、「銀座のクラブ仕事術」。「銀座」というのがポイントです。場末のクラブではいけません。

銀座の一流クラブでは、女性スタッフへの教育が行き届いています。たとえばあるクラブでは、開店前に新聞を読ませるという教育方法をしています。新聞を読むと、世の中に明るくなるので話題に困りません。お客様に接するときの相槌も真剣になるし、読解力や思考力も身につきます。

会社の若手に対してもこの方法は有効です。ただし、単に読ませるだけでは、知識は増えても、コミュニケーション能力の改善にはつながりません。読んだ内容を先輩に5分でプレゼンさせてみてください。

新聞は、読もうと思えば2時間でも3時間でも読めるので、気になるところを15分と期限を決めて読むようにします。15分という限られた時間のなかで重要な項目を探すことは、情報が身につくだけではなく、要約・プレゼンの能力まで育成できます。この方法は、一石で三鳥とも四鳥とも言えます。

新聞は、好みが分かれる一般紙ではなく、業界紙がいいでしょう。専門知識が身につくというメリットもあります。

10歳も20歳も歳の離れた者同士が、コミュニケーションを取り合うのは大変です。天気の話、スポーツの話をするのも大変だし、盛り上がって雑談になり、仕事に支障をきたす場合もあるでしょう。

同じ新聞を読んで意見交換を行える機会がつくれれば、アメリカの心理学者ロバート・

ザイアンスが提唱した**「単純接触効果（ザイアンス効果）」**も発揮されます。これは、月に一度飲みに行くより、毎日少しずつでも交流したほうが、好感度や評価等が高まっていくという効果です。

飲み会というのは、とくに若い人たちにとっては「残業の一部」という意識もありますから、それよりも職場内のコミュニケーション頻度をアップさせたほうがいいのです。新聞を読み、プレゼンすることによって、毎日コミュニケーションが取れます。無理やり話題を見つける必要もないし、それこそ銀座のクラブに飲みに行く必要もない。「銀座のクラブ仕事術」は、効率的で経済的な手段なのです。

Point

若手社員に新聞を読ませて、プレゼンさせる

部下に残業をさせないという決意

上司とのコミュニケーション不全以上に若手社員を疲弊させるのが、本書のテーマでもある無駄な残業です。**「やることノート術」によって、あなたの残業を減らせたら、部下にも目をやってください。**無駄な残業をさせていませんか？

新卒や若い社員に残業や土日出勤を頼むのは危険です。彼らには、土日しっかり休めた学生時代の記憶が残っています。それに、周囲にはのんびり過ごしているフリーターの若者も多いでしょう。

自由気ままに過ごす仲間たちと、残業をしなければならない自身の境遇を比較されたら……辞表まであと一歩です。これは本来、会社全体で取り組むべきことですが、なかなかそこまでできる会社も多くありません。そこで、上司・先輩であるあなたが、「入社して3年は残業や土日出勤はさせない」と決めておきましょう。

考えてみてください。まだ戦力になっていない若手が無理に残業しても、さほど意味はないと思いませんか？

上司や先輩である自分たちが残っているからという理由でなんとなく残していても意味がありません。本人が仕事を覚えたいとヤル気十分な場合は別ですが、大してやることもないのに、惰性で出勤させているケースが多いのが実情ではないでしょうか。

「そんなに甘やかして大丈夫なのか？」

あなたは、そう思うかもしれませんが、**どうしても残業や休日出勤の必要性を感じたら自ら行うものです。**意味がない残業、付き合い残業で辞められてしまっては大損害です。

部下の残業の状況は、ご自身以上にしっかりチェックしましょう。

Point

若手の残業は、辞められるリスクばかり大きく効果は小さい

朝夕2回のミーティングでPDCAを回す

部下やチームに無駄な残業をさせないためには、チーム単位でPDCA（「Plan・計画」「Do・実行」「Check・検証」「Action・改善」）を回すことが必要です。

どの会社でも、朝イチでその日の業務を確認するミーティングを行うと思いますが、ミーティングあとに仕事に取り掛かるだけでは不十分です。しかしミーティング（P）をして、仕事をする（D）、このPとDだけの会社がじつに多いのです。

大切なのは、定時の少し前にもう一度チームでミーティングを行うこと。そこで、その日の仕事が計画通りにできたかチェック（C）します。新入社員などはとくに、予定よりも仕事が遅れていたり、なにかトラブルが起こっていたりしても、なかなか上司に報告しにくいもの。しかし、定期的にみんなで報告し合う機会をつくってあげれば、話しやすくなります。

もし、ミーティングでなにか問題があれば、改善（A）し、翌日のミーティング（P）に反映させましょう。つまり、朝にPを行い、日中Dをして、夕方にCとAを行うということです。私はこれを**「朝夕PDCA」**と呼んでいます。

朝夕にPDCAを回すことで、チームの仕事が劇的に効率的になります。

だれがなにを行い、それがどんな進捗状況なのかを「見える化」しましょう。そうすれば、ピンチのメンバーのサポートに手が空いている人間が回ることもできます。

帰りのミーティングで各社員の進捗度合もわかるので、一部の社員に仕事がかたよることがなくなり、全員が全力を発揮できるからです。不平等感も減っていきます。

Point

朝にP、夕方にCとAを行ってみんなで仕事状況を共有する

部下を呼ぶときは心の準備をさせる

効率が悪いチームにありがちなのが、上司やリーダーが頻繁に部下を自分の席まで呼びつけていることです。

上司にとっては必要なことでも、呼ばれた部下は仕事を一時中断しなければいけませんから、いい迷惑です。集中力が削がれ、効率は一気に低下するでしょう。上司の元から仕事に戻っても、乱れたペースを取り戻すには時間がかかります。

こういう事態を防ぐ第一の対策は、朝のミーティングで疑問点をしっかり潰しておくことです。つまり、前項で説明した「朝夕ＰＤＣＡ」ですね。

もちろん、それでも部下を呼んで話をしなければならないときはあると思います。そういうときは、部下に準備する時間を与えてからにしてください。つまり、いきなり「佐藤くん、ちょっといい」「みんな集合！」、「森本さん、ちょっと来て！」と、すぐに集合させてはいけないということです。

そうではなく、次のような言い方にしましょう。

「悪いけれど、5分後にちょっと話ができないか？　●●について聞きたいんだ。10分くらいで済むかな」

これなら部下も心の準備ができますし、どのくらいの時間がかかるのかがわかります。

部下もそれまでにいまの仕事をキリの良いところで停止させ、戻ってからもすぐに仕事に取りかかる態勢を整えることができます。

急用でも1分、あるいは30秒は待ちましょう。たったそれだけの時間でも、呼ばれた方は、中断する仕事の整理をすることができるのです。

Point

部下を呼ぶときは、準備する時間を与えてから

チームでゲームをしてスピードアップ！

ゲーム感覚で仕事をすることがスピードアップにつながるとお伝えしましたが、同じことはチーム単位の仕事にも当てはまります。

たとえば、チーム戦をしてみてはどうでしょうか。Aチームと Bチームに分け、競争することで、どちらもいま以上のパフォーマンスを発揮できます。

そこに「ご褒美」を用意すると余計に燃えます。早く業務を終えたり、結果を出したチームにはちょっとしたご褒美をプレゼントするのです。

たとえば

・伝票整理　対　ファイリング

・互いが作った企画書の誤字脱字チェック

・部署の掃除対決！　速さとキレイさで審判が決める！

こんな感じです。

勝ったチームには上司から、コンビニのお菓子をプレゼント。負けたチームにも、そのお菓子より金額の低いお菓子を用意して、対戦後にコーヒーブレイクをしてコミュニケーションを取る。これぐらいの負担なら、部下を飲みに連れて行くと思えば安いものです。

もちろん、**そうした勝負で手厳しく評価してはいけません。**あまり激しくやると、かえって競争がプレッシャーになり、チーム全体がギスギスした雰囲気になったり、モチベーションが低下したりして、逆効果になってしまいます。

ゲームの目的はあくまでも楽しむこと。だから、景品もお菓子くらいで十分です。

Point

チーム単位の仕事にもゲーム感覚を持ち込み、スピードを上げる

朝イチでカエルを食べてしまう

ここまでさまざまな仕事術を紹介してきました。
仕事を細分化する**「アイスピック仕事術」**。
無駄に考えずに片づける**「ホラー映画仕事術」**。
ピンチをチャンスにする**「ルパン三世仕事術」**。
過去の方法から学んで手間を省く**「ルパン三世仕事術 part 2」**。
嫌なことを乗り越える**「私は俳優！ 仕事術」**。
部下を育てる**「銀座のクラブ仕事術」**。
どれが正解、というものはありません。正解は場合によって変わります。それに、1つの仕事術にこだわる必要もないのです。

大きな仕事はまずアイスピックで砕き、嫌なことがあったら「私は俳優」と思い込んで乗り越え、ピンチに陥ったらルパン三世のように楽しみ……というふうに、臨機応変に使い分けてください。

1つ、どんな場面でもお勧めしたいのは、まずは嫌なことを終えてしまい、スッキリした状態で残りの仕事に集中することです。

これは、自己啓発の名著『カエルを食べてしまえ！』（ブライアン・トレーシー著、ダイヤモンド社）で説かれていることですが、もしあなたが仕事でカエルを食べなければいけなくなったら、どうすべきでしょうか？

だれもカエルなんて飲み込みたくはありません。後回しにしたくなります。

でも、「カエルを飲む」という一番嫌なタスクが残っている状態では、ほかの仕事に集中することなどできませんよね。

したがって、トレーシーの答えは**「朝、まっさきにカエルを飲み込んでしまえ！」**というものでした。

朝イチで嫌なことを済ませてしまえば、気持ちが落ち着くからです。

・年末の大掃除、トイレ掃除から済ませてしまうと、後は楽です。
・嫌な上司との打ち合わせを先に済ませると、後は楽です。
・苦手な企画書から先に作成すると、後は楽です。

トレーシーが言うように、嫌なことが残っていると、気持ちがモヤモヤしてしまいます。落ち着いて仕事に集中するためにも、一番嫌なことをさっさと片づけるやり方は、お勧めです。

Point

一番嫌な仕事を先に片づけると、気が楽になる

すべての情報をまとめる意味

トレーシーがまっさきにカエルを飲み込むことを勧めるのは、頭をスッキリさせるためでもあります。

私が「やることノート」をつくったのも、根本的には同じ理由です。スッキリと安心して仕事をするためです。

「やることノート」には、文字通り、やることがすべて書いてありますから「このノート1冊だけを読めば仕事は大丈夫だ」という安心感を手に入れることができます。情報があふれる現代では、情報がシンプルにまとまっている強みは計り知れません。

「やることノート」は税理士試験の勉強でも応用しました。税理士試験のテキストはあまりにも膨大で、煩雑です。宅建や簿記は比較的テキストが少ないのですが、税理士試験では1科目でテキスト、問題集、ミニテストなどの教材が40冊以上にもなります。

これだけ教材があると、どの部分を自分がわかっていないのか、どういうところでミスが多いのか、自分が苦手なのかなど、復習するときに戻ることができなくなります。

だから私は、疑問点を1冊のノートにまとめ、「自分がわからないこと」を集約しました。わからないことがまとまれば、なにを勉強すべきかが見えてきます。

日中の仕事は税理士試験の勉強より込み入っています。残業しないで仕事を終わらせるには「やることノート」は必需品なのです。

Point

問題を1つにまとめると頭がスッキリし、集中できる

5章

仕事を加速させる「目標」の威力

残業をやめたら、なにをしますか?

本書で紹介している「やることノート」の目的は、日々の仕事を効率化し、残業をゼロにすることです。しかし、このノートの効能はそれだけではありません。

私は、ノート術の根底にあるのは**「仕事へのモチベーションを上げること」**だと考えています。2章で説明したように、空白の部分にも終了の意味である赤マルをつけるのは、ヌケモレを防ぐと同時に、マルをつけることで、モチベーションアップを図っているのです。

「やることノート」も、究極の目標はモチベーションを上げ、仕事をさっさと終えることです。そこでこの章では、モチベーションを上げ、夢をかなえる方法をお伝えします。

そもそもの話ですが、残業をゼロにして早く会社から出られても、その空いた時間をひたすら飲み会に使ったり、家でダラダラテレビを見ることに使っていては本当にもったいないです。

もちろん、そういったリフレッシュや趣味の時間をゼロにする必要はありません。それでは息が詰まってしまいますよね。

ただ、本書の冒頭でも述べたように、これからはいろいろな会社で副業が解禁され、1人の人間がいくつもの仕事を掛け持ちすることが当たり前になる世の中になることは十分考えられます。そんな時代に向けて、**これまで残業によって消費されていた時間を、自分の新たな仕事につながるようなことの習得につなげてほしいのです。**

たとえばその1つは、資格試験の勉強です。

私自身、会社員として働きながら税理士の資格を取ったことが、いまのような働き方をするきっかけになりました。そんな私が思うのは、資格を取得することそのものよりも、資格試験をしっかり行い、なにかを成し遂げるという経験をすることが大きいということです。

もちろん、独立して起業したい、こんな業界に転職したいという明確な目標があるなら、その目標達成に近づけるような活動に使いましょう。

そこまで明確な目標がなく、資格試験にもとりあえず興味がないのなら、いろいろな本を読んでみることもお勧めします。本書を読んでいるということは、本を読む習慣がある人ですから、もっと冊数を増やしてみましょう。

あるいは、本を読んで終わらせるのではなく、その感想をブログに書きつづったり、読書会などのイベントに参加するのも、新しい発想や人との出会いにつながるので、不承不承、残業をしているよりも有意義な時間になります。

本書の目的は、単に残業をゼロにすることではありません。残業をゼロにすることをスタートとして、そこからもっと、あなたがもっている可能性を広げる時間をつくりだすことなのです。

Point

残業しなくなったあと、空いた時間になにをするか考える

あなたの夢がなかなか実現しない理由

有名な図なので見たことがある人は多いと思いますが、スティーブン・R・コヴィーの名著『7つの習慣』(キングベアー出版)では、計画を立てるときの基準として次ページのようなマトリクスで区分しています。

すべての仕事は、図のように、「緊急度」と「重要度」のマトリクスによって4つに分けることができます。

誰もが一番気になるのは、「重要かつ緊急な仕事」でしょう。今日が提出日の大型案件の企画書とか、社運を賭けたプレゼントや決算書類。もっとも労力を注ぐのはこういった、「重要かつ緊急な仕事」です。

緊急・重要マトリックス

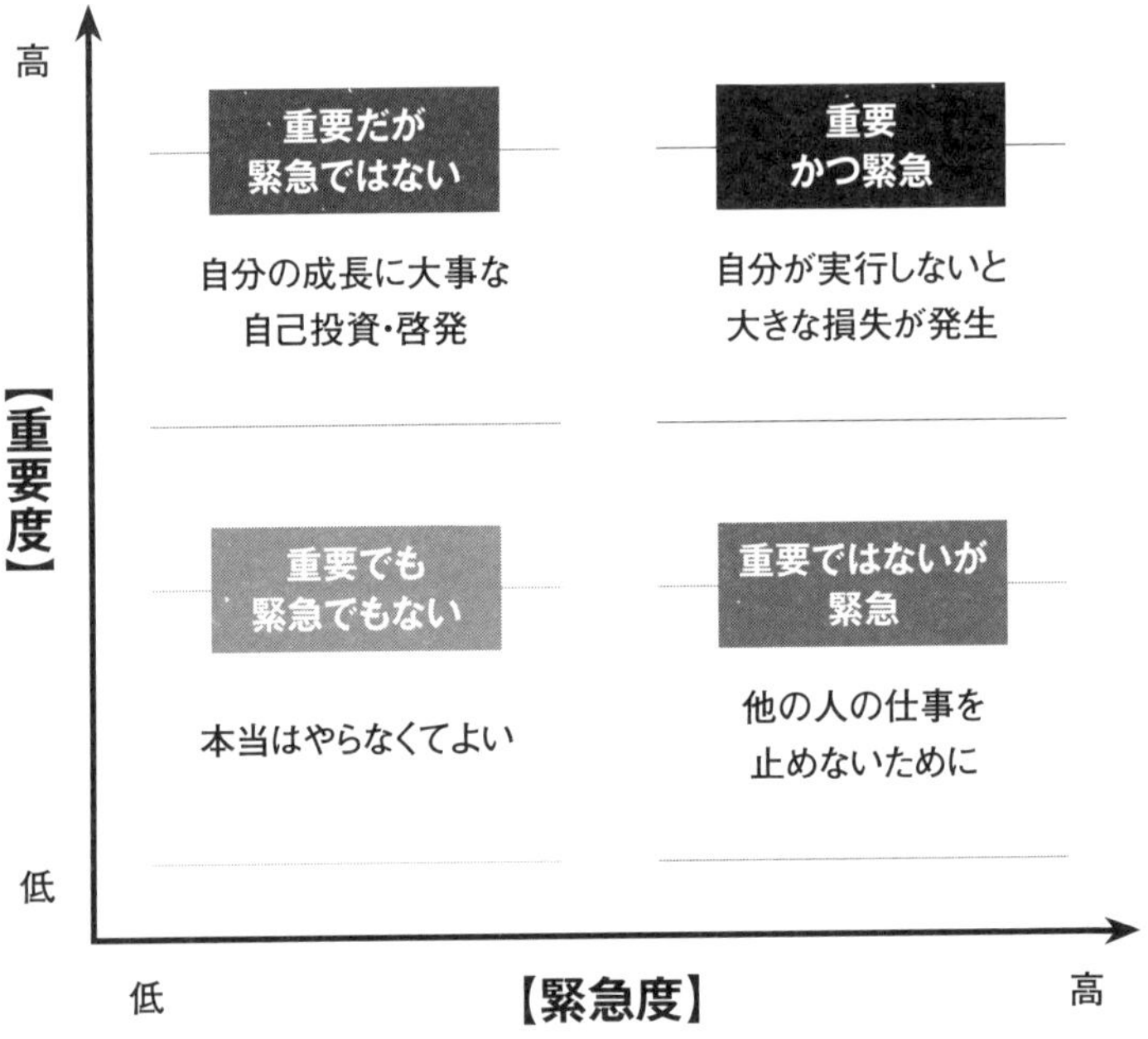
高
【重要度】
低
重要だが
緊急ではない
自分の成長に大事な
自己投資・啓発
重要
かつ緊急
自分が実行しないと
大きな損失が発生
重要でも
緊急でもない
本当はやらなくてよい
重要ではないが
緊急
他の人の仕事を
止めないために
低
【緊急度】
高

その次には、「重要ではないが緊急な仕事」も片づけます。今日が〆切の請求書、メール返信、ガタついてきた椅子を庶務に頼んで交換するなどです。

「重要でも緊急でもない仕事」もあります。これは銀行での記帳、ファイル整理、打合せなどですが、こういった仕事に時間をとられないのが大切であることは言うまでもありません。

1日の労働時間の大半は、以上の3つの仕事で成り立っているはずです。

重要かつ緊急な仕事に集中して取り組み、空いた時間で重要ではないが緊急な仕事を片付け、残りの時間は重要でも緊急でもない作業をして過ごす、という流れではないでしょうか。

しかし、大切なことを見落としていることにお気づきですか？　そう、ひとつだけ取り残された、**「重要だが緊急ではない」**です。

夢や自己成長、人生を変えるスキルアップなどは、重要ですが緊急ではないのが特徴です。そしてこれこそが、なにか願望があってもなかなか実現できない理由です。

私の場合、税理士になるための勉強がまさにそれでした。とても重要ですが、緊急ではありません。緊急ではないので1日、いや、1年先延ばししてもいまの生活に影響はありません。

しかし、先延ばしにしていると、いつまでも税理士にはなれません。気づいたときには、夢をかなえることなく人生を終えることになるのです。

各種試験に限りません。たとえば小説を書く、会社を辞めて起業する、筋トレとダイエットで生まれ変わる……**どれも人生を変える重要なことですが、緊急性がありません。だから目先の3つの仕事を優先し、つい先延ばしにしてしまいます。**

ですが、緊急ではないからといって手をつけないでいると、いつまでも夢がかないません。夢をかなえることの難しさはここにあります。

Point

夢は「重要だが緊急ではない」。だから後回しにされてしまう

夢を先延ばしにしないための4つの技法

前項で見たように、仕事には、重要かつ緊急なタスクや重要ではないが緊急なタスクがあふれています。そして、こういった緊急性のあるタスクを処理しているうちに1日が終わってしまうのが普通です。

逆に言えば、**夢をかなえられる人とは、緊急ではないことにコミットできる人のことを指します。**

私が働きながら税理士の勉強をしているときも、やはり意識しないと、ほかの3つの仕事を優先し、重要だけれども緊急ではない税理士試験の勉強を先延ばしにしてしまう傾向にありました。

そこでいろいろな方法で税理士試験の勉強を行う仕組みをつくりました。ここで簡単に紹介していきます。

17時になったら強制的に勉強をはじめる

たとえば明日までに提出しなければならない重要な企画書なら、どんなに時間がかかっても完成させます。22時になっても23時になっても取り組み続けます（本来は残業しないで取り組むのが正解ですが、ここでは話を簡単にするために、遅くまで残業すると思ってください）。

そのあとに税理士試験の勉強を行えるかというと、全身全霊をかけて働いたあとに、勉強する気はなくなります。仮に行ったとしても、集中力もなくなっていることでしょう。

では順番を変えて、勉強をしてから企画書をつくる仕事ならどうですか。緊急で重要な仕事なので勉強が終わってからでも、徹夜してでも終わらせるはずです。

極端な例ですが、**順番を変えることで、夢をかなえる手段である「重要だが緊急ではないこと」を行うことができるのです。**

スケジュールに入れてしまう

私は現在6つの仕事をしています。仕事の数だけ各方面に知り合いや友人も多くなり、セミナーや出版記念パーティー、飲み会に誘われることも多く、先着順に埋めていくとすぐに予定で一杯になってしまいます。

すると「重要だが緊急ではない」を行う時間がすぐになくなってしまいます。そこで**自分との約束を先にスケジュールに入れてしまうのです。**

いまは健康管理に気をつけているので、週に2回はスポーツジムに行っています。そのために月・水（もしくは土曜日）の夜は、すでにジムに行く予定を入れているので、基本的にお誘いをお断りしているのです。

あなたが、夢をかなえるために行っていることがあれば、自分との約束を優先的にスケジュール帳に書き込んでください。

昼休みを利用する

昼休みに一番してはいけないことは「重要かつ緊急な仕事」です。

あなたの夢がキャリアアップで、仕事を最優先したい、会社の仕事を覚えたいなら話は別ですが、資格試験の勉強、昇進試験、語学の勉強、スピーチ能力を高めたい、転職・独立の準備をしたいなら、**昼休みは、「重要だが緊急ではないこと」を行うべきです。**

自分が変わるためには、変わるための時間が必要です。日々の仕事に追われていては変わることはできません。今日も忙しい、明日も忙しいと、そして昼休みも忙しく仕事をしていたら、いつまでたっても、現状は変わりません。

多くの企業の場合、昼休みは1時間。その時間をなにに使うかで、あなたの未来は変わります。

行政書士の資格を取る、土木施工管理技士の資格を取って現場所長になる、外資系の会社に転職したいから英語の勉強をする、独立するために司法書士の資格を取る。そう、昼休みは、あなたの未来に影響を及ぼすことを毎日やる時間にすると決めるのです。

朝の時間を活用する

朝は誰にも邪魔されない時間帯です。電話もなく、メールも届きません。突然のお客様に邪魔されないし、部下からの質問も、上司からの指示もない。朝の時間はゴールデンタイムなのです。

私がなぜ、ほかに5つの仕事をしながら本書のようなビジネス書を執筆できているのか？

その理由は、朝5時に起きて8時までを執筆の時間に充てているからなのです。この原稿を書いているのも、4時45分です。今日は5時前に起きて書いています。

「忙しい、忙しい」と言っていたら、いつまでも原稿を書くことができません。朝のゴールデンタイムを使って、あなたの夢を実現させましょう。

Point

人生を変えたければ「重要だが緊急ではないこと」に時間を割く

緊急な仕事はどうでもいい

これはとくに経営者、リーダーに言えることですが、夢をかなえるためにもっとも大切なことは、緊急性で仕事をしないということです。

緊急性のあるタスクはいくらでも発生します。それらを処理することも重要です。しかし、誤解を恐れずに言うと、**緊急の仕事は部下や外部に委託するなど、他人に任せるべき仕事です。**

上に立つ人間は、マネジメントを業務の中心にして、長期的な利益や、次の時代の動き方を考えなければいけません。緊急なタスクに右往左往していては、将来的な利益を取り逃してしまいます。

逆説的な表現をするならば、緊急性のある仕事はどうでもいいのです。

これはもちろん「放っておいてもいい」という意味ではありません。緊急性がある仕事は、どのみち手掛けることになるから、意識して重視しなくてもよい、という考えです。

目の前の机から火の手が上がったら、どうしますか？

これはだれがどう見ても、緊急かつ重要な事態です。だれでも無意識のうちに水をかけるか消火器を持ってくるかをするでしょう。

このように、**人は、緊急性のある物事は必ず終わらせます**（というより、終わらせざるを得ない仕事のことを緊急と呼ぶのです）。

だれもがやることのできる緊急な仕事だけにコミットしていては、差はつけられません。

緊急ではない仕事こそ大切なのです。

Point

緊急の案件は、放っておいてもやらざるを得ないもの

夢に〆切を設けているか？

夢の実現が後回しにされてしまう理由は、緊急性の高い仕事などを先にやってしまうからだけではありません。期限がないからです。人は〆切がないと動かないことは、1章で確認しました。

したがって、**夢をかなえる第一のポイントは仕事と同じく、〆切を設けることです。**

〆切があれば、夢、すなわち重要だが緊急ではないものが、重要かつ緊急なものへと変化します。そうなれば、手をつけることになりますよね。

ワタミグループの創業者、渡邉美樹氏の著書に『夢に日付を！』（あさ出版）があります。この本のタイトルのとおりで、夢も仕事と同じように、自分で〆切を設けておかないと、いつまでも人は手をつけられないのです。

ここまでの章を振り返ってみてください。仕事が終わらずに残業してしまうのは、手当たり次第に仕事に手を付けたり、〆切を設けていなかったり、頭がモヤモヤしていて集中できないためでした。

夢も同じです。いつまでたっても夢に近づけないのは、緊急性がある仕事に忙殺されたり、夢に〆切がなかったり、夢がモヤモヤしていて明確ではないからです。

ならば、答えは簡単です。仕事と同じように、夢にも〆切を作り、ノートに書き出してはっきりさせればいいのです。

たとえば「やることノート」の右側のページに自分の夢を毎日書きましょう。そして、それに近づく行動ができれば赤マルをつけ、まったくできなければ屈辱の青マルをつけてみるのです。ちょっと油断すると連日、青マルばかりになってしまうかもしれませんが、自分が夢に近づく行動をできていないことに気づけます。

Point

「やることノート」には自分の夢も書いてしまう

夢にコミットする時間をつくる

夢をかなえるためにまず必要なことは、なにはともあれ、夢にコミットする時間をつくることです。時間がなければ、なにもできません。

「マシュマロ理論」を聞いたことがあるでしょうか。スタンフォード大学で行われた、自制心についての実験から引き出された理論です。

この実験では、スタッフが被験者である子どもの前にマシュマロを1つだけ置いて「私が戻ってくるまで食べることを我慢できたら、マシュマロをもう1つあげるよ」と言って部屋を出ます。そして別室で子どもたちの様子を観察するのです。

その結果、スタッフが戻るまで我慢して2つ目のマシュマロにありつけた子どもは、3人に1人ほどしかいませんでした。大半の子は我慢ができなかったのです。

重要なのは、その後の追跡調査です。マシュマロを我慢できた子と我慢できなかった子では、社会的な成功の度合いに差があったのです。子ども時代に自制心があった子は、大人になって成功しやすいことがわかりました。

この実験からわかることは、**遠い利益のためにいまの時間を使える人は成功するということです。**マシュマロは、1つだけより2つ食べられたほうがいいに決まっています。しかし、2つのマシュマロを手に入れられるのは、部屋にスタッフが戻ってきてからの話。つまりいまではない、将来の話です。

将来の2つのマシュマロのために、目の前にある1つのマシュマロを我慢できるか？これは子どもに限った話ではありません。あなたは、目の前のたった1つのマシュマロのためにあくせく動いていませんか？

Point

遠い利益のために目の前の小さな利益を我慢できる人は成功する

夢を細分化して具体化する

遠い夢も、仕事と同じく、細分化することが実現の秘訣です。

漠然と「いつか税理士になるぞ！」と思っているだけでは、夢のままです。

税理士試験に合格するには、いつまでになにをするべきか、細分化・具体化しなければいけません。

たとえば、簿記の知識がまったくないなら、3ヶ月後の6月に行われる日商簿記3級の試験に合格しなければなりません。

そのためには専門学校で毎週土曜日に講義を受ける。

毎朝1時間早起きして予習復習する。

そして試験の3日前から有給休暇を取るために、仕事のダンドリをつけておくことが必要になります。

11月には日商簿記2級を受けて……税理士試験に合格するという夢に期限をつけ、細分化・具体化することによって、夢は目標へと変わるのです。

もっとも、資格試験や昇進試験なら、期限と受験科目が決まっているため、細分化はそれほど難しくはありません。「起業する」、「好きな会社に転職する」といった漠然とした夢のほうが細分化は難しくなります。

さて、漠然とした夢をどうやって細分化して具体的にするか？

ここでもノートが武器になってくれます。

Point

夢も仕事のように細分化し、やることを明確にする

書き出すことで壁が見える

前述したとおり、モヤモヤとした仕事の不安は、ノートに書き出せば解決できます。ぜひ、夢についても同じことをやってみてください。

どんなノートでも結構です。**書き方も難しく考えず、どんどん書き出してください。やりたいこと、実現したいこと、かなえたいこと、思いつくままに書き出してください。**夢だけではなく、嫌なこと、やりたくないことが浮かんだら、それも書き出してください。

書き出すと、夢と問題が「見える化」されるので、やりたいことがより具体的になってきます。夢を忘れにくくなるのも書き出すメリットです。

新年に立てた目標を、年末まで覚えていますか？　覚えていなければ、達成することはできません。人の記憶力は、頼りになりません。夢は書き留めておかないと忘れてしまうものなのです。

紙に書けば、それを自分で客観視することもできます。頭で考えていなかった問題点も見つかるでしょう。

「広告代理店ということで入社したけど、実際行っている仕事はチラシの飛び込み営業ばかり。自分はコピーライティングの仕事がしたかったんだ。夢をかなえるためには、もう一度、広告の勉強をして……」

「会社が嫌だ、嫌だと思っていたけど、電話営業が嫌だったんだ。この会社の商品自体は嫌いじゃないし、配置換えになれば続けられる。転職ばかり考えていたけど異動願いの制度もあるし……」

など、頭の中で考えているだけでは堂々巡りになってしまいがちなことも、書き出すことで、問題の所在がはっきりし、解決策も見えてきます。

Point

紙に書き出すと、問題点・解決策が見えてくる

夢は、書き出せば成就する

夢をノートに書き出すと実現しやすくなります。これを心理学では**「予言の自己成就」**といいます。人が無意識のうちに思い込みに沿って行動してしまう現象のことです。

夢をノートに書き出して毎日眺めていると、脳のなかに刷り込まれます。すると、無意識のレベルでも、その夢に向かって行動するようになるのです。わかりやすくいうと、「夢へのアンテナの感度が上がる」のです。

たとえば「アウディが欲しいな」と思ったとたんに街中のアウディが目につくようになった、といった経験はありませんか?

欲しい車を決めた瞬間に、その車が目立ち出すのです。けっしてアウディが増えたわけではありません。

この現象を**「カラーバス効果」**といいます。「Coｌｌｏｒ ｂａｔｈ」直訳すると、「色を浴びる」という意味です。たとえば「行政書士になりたい」という気持ちをノートに書き出すと、歩いていても行政書士事務所が目につくようになります。新聞を読めば行政書士の記事が目に入る。専門学校に行っても行政書士のパンフレットが目に飛び込んでくる。

そうなったら、私が「税理士になりたい」とノートに書き出したときのように、どうすれば、その資格が取れるのか調べるようになります。必要な勉強時間は何時間か？　難易度はどれぐらいか？　合格率は何％か？　受験資格は満たしているか？　独立して開業できるのか？　独学か通信、通学、どんな勉強方法が良いか？……などなど。

新年の御参りで「行政書士になりたい」と願っただけでは、ここまで考えることはありません。**ノートに書き出したことでカラーバス効果が発動し、あなたの漠然としていた白黒の夢は、色彩豊かな輝いた目標へと変わるのです。**

Point

夢を強く意識すると、関連するものが目につきやすくなる

良い残業、悪い残業

本書は「残業をゼロにする」ということを目的として書いてきました。

しかし、じつは私はすべての残業を否定するつもりはありません。残業には、「良い残業」と「悪い残業」があります。

悪い残業は、本書で撲滅する対象であるものです。仕事の効率やモチベーションコントロールが甘いせいでダラダラやってしまうものだったり、上司に付き合って仕方なく会社に残ったり、明らかに自分のキャパシティ以上の仕事を割り振られたりして、やってしまう残業です。

一方、**良い残業とは一言で表現すれば「自発的な残業」です。**自分の仕事が大好きで、もっといい仕事がしたい、あるいはキャリアアップしたい、ほかの人に貢献したい……そうした思いに基づいた残業です。

もちろん、自分の健康を害したり、家族に迷惑をかけたり、同僚や部下に自分と同じような残業を強いるのはいけません。**しかし、残業＝悪だと決めつけ、一律的に残業をゼロにしようとするのもナンセンスだと思うのです。**

人生の目標を持たない人は、ダラダラと残業を続けてしまいます。

そんな方は、**人生の〆切を意識して、まずは夢をノートに書き出すことからはじめてみてください。** 夢を目標にすれば、残業を減らそうと思うようになるでしょう。

そして残業を減らすためには、本書でご紹介した「やることノート」が活躍してくれます。その意味では、「やることノート」は残業を減らすだけではなく、夢をかなえ、貴重な人生と向かい合うためのノートでもあるのです。

Point

意味のない残業を続けて時間を浪費しない

「やることノート」の原点は夢だった

私は、税理士を夢見ていたころ、税理士になるために必要なことをすべてノートに書き出しました。妄想をする、いや構想を練るのが好きだったということもあります。

ノートに必要なことを書き出すと、今度は、目標が実現できるように計画を立てます。1年間の計画を立て、1ヶ月ごとに細分化し、さらにその計画を問題一問一問にまで細分化し、終わった問題には赤でマルをつけていきます。

それが本書でご紹介した「やることノート」の原点でした。「やることノート」はもともとタスクを片づけるためのノートではなく、夢をかなえるノートだったのです。

もっとも、この2つを区別する必要はありません。仕事を片づけることと、夢をかなえること（細分化して目標を次々と実行していくこと）は、とても似ているからです。

夢をノートに書き、目標とやることを明確にすれば、日々の過ごし方も変わってきます。夢をかなえるためには、細分化した目標を、いつまでに、どれくらい行わなければならないか見えてきます。

〆切をつけず、いつでもいいやと思っていたら、夢は夢のままで終わってしまいます。「いつまでに」という〆切をつけることで初めて動き出すのです。

タレントの明石家さんまさんは、娘に「IMARU」という名前を付けました。「生」きているだけで「丸」儲け、という意味です。

これには理由があります。1985年に500名以上が亡くなった日本史上最悪の航空機事故を起こした日本航空123便に、さんまさんは搭乗予定だったのです。しかしバラエティ番組の撮影が予定よりも早く終わり、たまたま123便をキャンセルしたため、さんまさんは難を逃れました。その経験から、生命の貴重さを実感し、「生きているだけで丸儲け」と考えるようになったそうです。

もし、さんまさんのような、九死に一生を得る経験ができれば、生きていることの貴重さに気づき、日々を無駄に過ごさず全力で生きようという気になります。しかし、死にかける経験などなかなかできるものではありませんし、したくもありません。

そんな私たちは、なにによって命の大切さに気づけばよいのでしょうか？

そう、〆切です。

〆切を意識できれば、危機感が生まれ、無駄な時間を過ごすことはなくなります。

人生を80年とすると、およそ4200週間です。

あなたがいま40歳なら、残りは約2100週間しかありません。2100というと多いようですが、本書4ページ分の文字数でしかありません。

少ないと思いませんか？　無駄なことをしている時間はないのです。

もっとも、30年後や40年後にやってくる人生の「〆切」は、〆切としてはあまりに遠すぎます。実感が持てない人が多いかもしれません。

ならば、夢と人生を細分化して、〆切を細かくつくればいいのです。貴重な今日を、貴重な命である時間を無駄に使うのは、今日限りにしましょう。

最後にこの本を出版するにあたり、お世話になった方々にお礼申し上げます。

きずな出版の澤有一良さん。かれこれ構想に2年。何度も何度も打合せを重ね、議論し、お互いに妥協せず、世の中に必要な本をという使命を持ち、やっとこの本を出版することができました。ありがとうございます。

友人の佐藤喬《たかし》さん、石原恵理さん。的確なアドバイス、原稿チェック、情報収集のおかげで執筆に集中することができました。本当にありがとう。

田舎にいるお母さん。誰よりも本の出版を楽しみにしてくれていて、ありがとう。実家にいるときはできなかった親孝行を、これからも続けていくよ。

真理、天聖、凜。3人がいつも楽しく過ごしてくれているので、心が折れそうなときも頑張ることができているよ。ありがとう。

最後にこの本を読んでくださったあなた。

命である時間を意識し、充実した人生を送るヒントになっていれば、幸いです。

石川和男

【著者プロフィール】

石川和男(いしかわ・かずお)

建設会社総務経理担当部長、大学講師、時間管理コンサルタント、セミナー講師、税理士、ビジネス書作家と、6つの仕事を掛け持ちするスーパーサラリーマン。

1968年、北海道生まれ。偏差値30の高校、名前さえ書ければ受かる夜間大学(しかも留年)を卒業。バブルの波に乗って中小建設会社に入社し、経理部に配属されるが、簿記の知識ゼロ、上司に怒鳴られる日々を過ごす。

20代後半になってから一念発起し、税理士試験合格を目指す。本書のノート術を活用して、残業をゼロにしつつ会社員を続けながら日商簿記、建設業経理事務士、宅建など各種資格試験に合格。その後、税理士試験にも合格して開業する。

転職先でも八面六臂の活躍をし、転職後1年を経ずに課長に昇進(同社では創業以来の最短記録)。講師としても好評を博し、各種講師オーディションで優勝、全国鉄人講師50人に選出されるなどしている。

主な著書に『30代で人生を逆転させる1日30分勉強法』『30代で人生を逆転させる残業0(ゼロ)の時間術』(CCCメディアハウス)、『人生逆転! 1日30分勉強法』(三笠書房)、『「残業しないチーム」と「残業だらけチーム」の習慣』『仕事が「速いリーダー」と「遅いリーダー」の習慣』(明日香出版社)がある。

残業ゼロのノート術

2019年3月1日　第1刷発行

著者　石川和男
発行人　櫻井秀勲
発行所　きずな出版
東京都新宿区白銀町1-13　〒162-0816
電話03-3260-0391　振替00160-2-633551
http://www.kizuna-pub.jp
編集協力　佐藤喬
ブックデザイン　土谷英一朗(Studio Bozz)
校正　鷗来堂
印刷・製本　モリモト印刷

ISBN978-4-86663-064-9